ପକ୍ଷଛାୟା

ପକ୍ଷଛାୟା

ବୀଣାପାଣି ପଣ୍ଡା

BLACK EAGLE BOOKS
2021

BLACK EAGLE BOOKS

USA address:
7464 Wisdom Lane
Dublin, OH 43016

India address:
E/312, Trident Galaxy, Kalinga Nagar,
Bhubaneswar-751003, Odisha, India

E-mail: info@blackeaglebooks.org
Website: www.blackeaglebooks.org

First International Edition Published by
BLACK EAGLE BOOKS, 2021

PAKSHYACHHAYA
by **Binapani Panda**

Copyright © **Binapani Panda**

All rights reserved. No part of this publication may be reproduced, stored in a retrieval system, or transmitted, in any form or by any means, electronic, mechanical, photocopying, recording or otherwise without the prior permission of the publisher.

Cover & Interior Design: Ezy's Publication

ISBN- 978-1-64560-206-4 (Paperback)

Printed in the United States of America

ଛାୟାଙ୍କନ...

ମୁହୂର୍ତ୍ତରୁ ମନ୍ୱନ୍ତର, ମନ୍ୱନ୍ତରରୁ ମୁହୂର୍ତ୍ତ।
ବିଂନ୍ଦୁରୁ ବିସ୍ମୃତି, ବିସ୍ମୃତିରୁ ବିଂନ୍ଦୁ।
ଆଁରୁ ଆକାଶ, ଆକାଶରୁ ଆଁ।
ଉତ୍ତରଣ, ଅବତରଣ, ପ୍ରସାରଣ, ସଂକୋଚନର
ସାତ୍ତ୍ୱିକ ଶୃଙ୍ଗାର କବିତା। ତା' ଦିନଦିନର
ଦିନଲିପିରେ ଅସୁମାରି ଶିଳା, ଶାଳଗ୍ରାମ,
ସମୁଦ୍ର, ସୈକତ, ଅହଲ୍ୟା, ଅବନ୍ତୀକାର
ଆତ୍ମକଥନ। କ୍ରୋଧ, କାରୁଣ୍ୟ, ପ୍ରେମ,
ପ୍ରାର୍ଥନା, ଦେହ, ଦ୍ରୋହ, ବିଶ୍ୱାସ,
ବୈରାଗ୍ୟ, ସମୟ ଓ ସଂଶୟର
ଅନୁତ୍ତରିତ ପ୍ରଶ୍ନଚିହ୍ନ। ସେ କେବେ
ମୌନ, କେବେ ମୁଖର, କେବେ
ଉଦାସୀନ। ଏମିତି ଏକ ଉଦାସ
ଅବଲୋକନର ଆତ୍ମିକ ଅଙ୍କନ
'ପକ୍ଷଛାୟା'। କେଉଁଠି କେତେ
ଛାୟାପାତ କରିବ ଜାଣେନା। ହୁଏତ
ନକରିପାରେ ମଧ୍ୟ। ତଥାପି ବିଶ୍ୱାସ
ଅଛି ଧଳାମେଘ, ସ୍ୱଚ୍ଛ ସରସୀ ଓ
ଆଶ୍ୱିନର ଅକ୍ଷତ ଜହ୍ନ ଉପରେ।
ସେମାନେ କବିତା ସହ ଅଛନ୍ତି।
କବିତା ସେମାନଙ୍କ ସହ ଅଛି।

ସୂଚୀପତ୍ର

ଗାଁ	୯
ଶିଳାପଦ୍ମ	୧୨
ଅନେକ ଦିନରୁ	୧୪
ରଥଯାତ୍ରା	୧୭
ରହସ୍ୟମୟୀ	୧୯
ଭଲ ଝିଅ	୨୨
ଯାହା ଯେମିତି ଅଛି ସବୁ ସେମିତି ଥାଉ	୨୪
ପ୍ରବାସୀ ପ୍ରିୟ	୨୬
ଦେବକୀ	୨୮
ଦୁଃଖ	୩୦
କବିପତ୍ନୀ	୩୨
କୁଆଁରୀ	୩୪
ଶୀତ ସ୍ମୃତି	୩୬
ସିଂଦୁକ	୩୮
ମୁଁ ନଥିବି	୪୧
ପ୍ରାକୃତିକ	୪୩
ମଧ୍ୟାହ୍ନ ଅଭିସାର	୪୫
ଭଲ କବିତା	୪୭
ପ୍ରାସଙ୍ଗିକ	୫୦
ପାପୁଲି	୫୩
ରାଧାରୁ ଶ୍ରୀରାଧା	୫୪
ପଦଯାତ୍ରା	୬୧
ସ୍ୱୟଂପୂର୍ଣ୍ଣା	୬୩
ଜୀବାଶ୍ମ	୬୬
କବିତା ସୁଖ	୬୯
ଦ୍ୱିପର୍ଣ୍ଣା	୭୨

ବ୍ୟାଧଜନ୍ମ	୭୫
ଡାକ (୧)	୭୮
ଅରଣ୍ୟର ବର୍ଷାରାତି	୮୧
ଅଲୌକିକ	୮୪
ସନ୍ୟାସିନୀ	୮୬
ଫାଟ	୮୯
ଜଳିଛି ବୋଲି	୯୧
କବିତା କ'ଣ ଖାଏ	୯୩
ହୃଦୟ ଭାଙ୍ଗିବାର ଗନ୍ଧ	୯୬
ଅସ୍ତ ତଳକୁ କର	୯୯
ନିଶାରେ ଅଛି	୧୦୧
ଗୋଟିଏ ରାତି	୧୦୪
ପ୍ରେମୀର ପ୍ରୟାଣ	୧୦୬
ଗୋଟିଏ ସଂଜ ସମୁଦ୍ର କୂଳରେ	୧୧୦
ଦି'ପହରର ଦୀର୍ଘଶ୍ୱାସ	୧୧୩
ପାଲଭୂତ	୧୧୪
ସୁଡ଼ଙ୍ଗ ଶେଷରେ ସୂର୍ଯ୍ୟୋଦୟ	୧୧୫
ଟିପ ଚିହ୍ନ	୧୧୬
ଗୋଟିଏ ଜହ୍ନରାତି	୧୧୭
ଡାକ (୨)	୧୧୮
ହାରିଯାଇଥିବା ଲୋକ	୧୧୯
ଜହ୍ନ ବଗିଚା	୧୨୦
ଶେଷ ସର୍ଗ	୧୨୧
ଦୂର ପର୍ବତ	୧୨୨
ଦାମ୍ପତ୍ୟ	୧୨୫
ଘଟାନ୍ତର	୧୨୮
ଦୁର୍ଭାଗ୍ୟ	୧୩୦
ଭାରତବର୍ଷ	୧୩୨

ଗାଁ

ସବୁ ସେମିତି ଅଛି ।
ଆକାଶ ଭର୍ତ୍ତି ତାରା
ବାସ୍ନାରେ ଭାରି ପବନ
ଚଉଁରା ମୂଳେ ଦୀପ
ଦୀପରେ ଦରଜଳା ସଳିତା,
ସେମିତି ଅଛି
ଓଢ଼ଣା ତଳର ମୁହଁ
ଦ୍ୱିତୀୟା ଜହ୍ନ ପରି କପାଳ
ସ୍ନିଗ୍ଧ କୋମଳ ଦୁଇ ଭୀରୁ ଆଖିପତା ।

ସେମିତି ଅଛି ପଉଷ ପବନରେ
ପାଚିଲା ଧାନର ଗଂଧ
ଅଗଣାରେ ଝିରିଝିରି କାକର ଟୋପା,
ତୋଫା ଜହ୍ନ ଆଲୁଅରେ
ଝଲମଲ୍ ସରୁ ନଈବାଲି
ପଠାର କାଶତଣ୍ଡୀ, ଖରିବଣ,
ଭଇଁଚ କୋଳି ବୁଦା ।

ସେମିତି ଅଛି ତୁଠ ପଥରରେ
ଫିକା ଅଳତାର ଦାଗ
କାଚକେନ୍ଦୁ ପାଣିର ଛାତିରେ
ଚିକ୍‌ମିକ୍ ନାକର ଠିକିରୀ,
ବାରହାତି ମାଣିଆବଂଧ କନ୍ତାର
ଲତା ଫୁଲ ନକ୍‌ସା
ଘୋଡ଼ା, ହାତୀ, ଶୁଆ, ଶାରୀ,
ନୃତ୍ୟରତା ଅପ୍‌ସରୀ।

ସେମିତି ଅଛି
କାଖର ଭରା କଳସୀରେ
ଜଳତରଙ୍ଗର ଧ୍ୱନ୍
ତାରକସି ଝୁଣ୍ଟିଆରେ ଭୀମ୍‌ପଲାଶି ରାଗ,
ସେମିତି ଅଛି ହାଡ଼ଥରା ଜାଡ଼ରେ
ଜେଜେମା'ର ଉଷୁମ କୋଳ
ନିଦର ଗହଳ ମାଣ୍ଡିଆ କ୍ଷେତ।

ଏବେ ବି ବଉଳମୂଳ ଚାନ୍ଦିନୀରୁ
ପହଁରି ଆସୁଛି ବଉଳବେଣୀ ଗୀତ
ଖିଲ୍‌ଖିଲ୍ ହସର ଝରଣା
ଶୁଭୁଛି ନୁଆଁଣିଆ ଚାଳ ତଳେ
ମହଳଣ ଆଲୁଅରେ
ରୁଣୁଝୁଣୁ ଚୁଡ଼ିର ଅର୍କେଷ୍ଟ୍ରା
ଗୁପ୍‌ଚୁପ୍ କଥା
ଅଝଟିଆ ପିଲାର କାଂଦଣା।

ସବୁ ସେମିତି ଅଛି।
ମାଟିରୁ ଆକାଶ
ପାଣିରୁ ପବନ

ମୋହରୁ ମହୁ
କୋହରୁ କୁହୁ।
କେବଳ ନାହିଁ
ଓଦା ମାଟିର ସ୍ୱର୍ଗରେ
ସ୍ୱପ୍ନ ରଚନା କରୁଥିବା
ମୋର ନିର୍ମଳ ନିଖାଦ ମନ
ସବୁଜ ସ୍ୱପ୍ନିଳ ବୟସ।

ଶିଳାପଦ୍ମ

ବ୍ୟାକୁଳ ସମର୍ପଣର ମୁଦ୍ରାରେ
ମଥା ନୋଇଁଦିଅ
ଶିଳାରୁ ସଂଭୂତ ହେବ ଶାଳଗ୍ରାମ,
ବିଶ୍ୱାସରେ ଟୋକିନିଅ ବିଷର ପିଆଲା
ବିଷ ବି ପାଲଟିଯିବ ଅମୃତର ଧାରା ।

ମନକୁ ପଣ୍ୟ କରନାହିଁ ଭରା ବଜାରରେ
ନିଶ୍ଚୟ ମିଳିଯିବ ମନ ପାଇଁ ମନଟିଏ,
ହୃଦୟକୁ ରଖିଥାଅ ଖାଣ୍ଟି ନିର୍ଭେଜାଲ
କେହି ନା କେହି କିଣିନେବ
ଭଲପାଇବାର ଉଚିତ୍ ଦାମ୍‌ରେ ।

ଦେଉଳରେ ଦିଅଁ ନାହିଁ, ସିଂହାସନ ଶୂନ୍ୟ,
ଅକାରଣେ ଜାଳନାହିଁ
ହୀରାର ଦୀପରେ ମାଣିକ୍ୟର ବତୀ,
ନିର୍ମଳ ହୃଦୟର ରତ୍ନବେଦୀ ପରେ
ପ୍ରେମର ଦେବତା ଯେ ଅର୍ଚ୍ଚିତ ହୁଏ ନିତି ପ୍ରତି ।

ଜୀବନ ଜୀବନ ନୁହେଁ, କଷଣର କାରାଗୃହ
ଚଉପାଶେ ବେଢ଼ିଅଛି
ଯାତନାର ଅଛିଣ୍ଡା ଶୃଙ୍ଖଳ,
ସମୁଦ୍ରର ମଝି ପରି ମନ ଯଦି ଶାନ୍ତ ସମାହିତ
ଦୁଃଖର ରଡଙ୍ଗମାଳା
ନିଶ୍ଚୟ ଫେରିଯିବ ଛୁଇଁ ଉପକୂଳ ।

ଏତେ ଘୃଣା ଏତେ ଦ୍ୱେଷ
ଈର୍ଷା ଏବଂ ଅସୂୟାର ବିଭତ୍ସ ଦୃଶ୍ୟରେ
ଆତ୍ମା ହୁଏ କ୍ଷତାକ୍ତ
ଆକୁଳରେ କରୁଥାଏ କିବା ଅନ୍ୱେଷଣ,
ଦେହ ହେଉ ସଂସାରୀ
ମନ ଯଦି ସନ୍ନ୍ୟାସୀ
ଘଟଣା ଓ ଦୁର୍ଘଟଣା ସବୁ ସ୍ୱାଭାବିକ
ଧରାବଂଧା ଯେମିତିକି ରାତି ପରେ ଦିନ।

ମାଟିର ଏ ଦେହ ନୁହେଁ ସୌନ୍ଦର୍ଯ୍ୟର ଗନ୍ତାଘର
ଏମିତି ବି ନାହିଁ କେହି ଅନନ୍ତ ଯୌବନା,
ମନର ଆଖିରେ ଦେଖ ଆତ୍ମାର ସୌନ୍ଦର୍ଯ୍ୟ
ଆଜୀବନ କରିଯାଅ ତା'ର ଉପାସନା।

ପ୍ରେମର ପରିଣତି ମିଳନରେ ଶେଷ ନୁହେଁ,
ପ୍ରତାରଣା କରେ ନାହିଁ ଜୀବନକୁ ରିକ୍ତ,
ବିରହର ଚନ୍ଦନକୁ କପାଳ ତିଳକ କର
ମୁହୂର୍ତ୍ତକେ ଭରିଯିବ ହୃଦୟର ପାତ୍ର।

ଲକ୍ଷ୍ୟ ଯଦି ଏକନିଷ୍ଠ ପ୍ରତିବାଦ ଅହେତୁକ
ବାଟ ହେଉ ବଂଧୁର ଅବା କଣ୍ଟକିତ,
ଅନ୍ଧାରରେ ଭୟ କ'ଣ, ବିବେକର ଦୀପଶିଖା
ନିଶ୍ଚୟ କରିଦେବ ପଥ ଆଲୋକିତ।

ଚୋରାବାଲି ମରୀଚିକା ହାତଠାରି ଡାକୁଥାଏ
ତା'ଉପରେ ତୋଳନାହିଁ ଆଶାର ଉଆସ,
ଦୁଇପାଦ ମାଟି ଏବଂ ଚେନାଏ ଆକାଶ
ଏତିକି କେବଳ ସତ୍ୟ
ବାକି ସବୁ ସ୍ୱପ୍ନ ଏବଂ କଳ୍ପନାବିଳାସ।

ଅନେକ ଦିନରୁ

ଅନେକ ଦିନରୁ କାହିଁ
ସ୍ୱପ୍ନଟିଏ ଦେଖିନାହିଁ,
ଆଜିକାଲି ଜମା ଜଣାପଡ଼େ ନାହିଁ
କେତେବେଳେ ନିଦ ଆସେ
ମୂର୍ଚ୍ଛିତ ସ୍ତବ୍ଧତା ନେଇ
ସାରାରାତି କଟିଯାଏ ଅଚେତନତାରେ,
ଅକସ୍ମାତ କେବେ କେବେ ରାତି ଅଧେ
ନିଦ ଭାଙ୍ଗିଗଲେ,
ସ୍ୱପ୍ନ ମନେପଡ଼େ ନାହିଁ
ମନେପଡ଼େ ଅତିକ୍ରାନ୍ତ ସମୟର କଥା
ନିର୍ବେଦ ସ୍ଥିରତା ଏକ ଦେହମନ ଘାରେ।
ତୁମେ ଥିଲ ସ୍ୱପ୍ନ ଥିଲା
ତୁମେ ଗଲ ସ୍ୱପ୍ନ ଗଲା
ସ୍ୱପ୍ନହୀନ ଜୀବନରେ ଏକା ଏକା କାଟିଲିଣି
ବହୁ ରାତି ଦିନ,
ମୁଁ ତ ନୁହେଁ ଷୋଳବର୍ଷୀ ଶ୍ୟାମାଙ୍ଗୀ ମାଳତିଲତା
ସ୍ୱପ୍ନକୁ କରିଥିବି ଚିରକାଳ
ମୋର ଗଣ୍ଠିଧନ।

ଅନେକ ଦିନରୁ କାହିଁ
ନିଜକୁ ମୁଁ ଦର୍ପଣରେ ଦେଖିନାହିଁ

କେମିତି ଦିଶୁଛି ଉତ୍ତର ତାରୁଣ୍ୟର
ଏଇ ପ୍ରତିଛବି ମୋର,
ମତେ ବି ଜଣାନାହିଁ ଆଖିତଳ କଳାଦାଗ
କେତେ ବେଶି ବହଳ ହେଲାଣି
କୁଂଚିତ କପାଳରେ
କେତେ ରେଖା ବାଂଧିଲେଣି ଘର।
କ୍ଳାନ୍ତ ଶ୍ରାନ୍ତ ଅବସନ୍ନ ଦେହକୁ ଘୋଷାରି
ବାହାରକୁ ବହାରିବାକୁ
ଆଜିକାଲି ଲାଗେ ଭାରି ଭୟ,
କାଳେ କେହି ପ୍ରତିବେଶୀ
କୌତୁହଳୀ ଦୃଷ୍ଟି ନେଇ ମତେ ପରଖିବେ
ମନେ ମନେ ଭାବୁଥିବେ
ତୁମେ ନାହଁ ବୋଲି ଏଠି ଏତେ ବିପର୍ଯ୍ୟୟ।
ତୁମ ଥିଲେ କହିଥାନ୍ତ
ନିଜ ପାଇଁ ନହେଲେ ବି
ମୋ ପାଇଁ ଏ ଦେହର ଟିକେ ଯତ୍ନ ନିଅ,
ତୁମେ ଗଲା ପରେ କିନ୍ତୁ ଭାବି ବି ହୁଏନା
କାହାକୁ ମୁଁ ସଜାଡ଼ିବି
କାହାକୁ ବା ଉଜାଡ଼ିବି
କାହା ପାଇଁ ସଂଚୟ
ପୁଣି ଅପଚୟ!

ଅନେକ ଦିନରୁ କାହିଁ
କବିତାଟେ ଲେଖିନାହିଁ
ଲେଖିବାର ପ୍ରଚେଷ୍ଟାରେ ମୁହୂର୍ତ୍ତ ମୁହୂର୍ତ୍ତ ହୋଇ
ସକାଳରୁ ସଂଜ ହୁଏ ସଂଜରୁ ସକାଳ,
ତଥାପି ବି ନିସ୍ତରଙ୍ଗ ସମୁଦ୍ରରେ
ଢେଉଟିଏ ଉଠେନାହିଁ
ଗଦ୍ୟମୟ ଜୀବନରେ ଫୁଟେନାହିଁ କବିତାର ଫୁଲ।

ତୁମେ ଦିନେ କହିଥିଲ
ଦୁଃଖରେ କବିତ୍ୱ ମିଳେ ସୁଖରେ ମିଳେନା,
ଯନ୍ତ୍ରଣାର ଜଉଘରେ ନିଜକୁ ଜାଳିଲେ
କବିତାର ଆତ୍ମା ହୁଏ ପଢ଼ି,
ମୋ ଭିତରେ ଏତେ ଦୁଃଖ
ଜମି ଜମି ବରଫର ପାହାଡ଼ ହେଲାଣି,
ଆଉ କେତେ ଲୋଡ଼ା କୁହ
ଲେଖିବାକୁ କବିତା ଦି'ଧାଡ଼ି ?

ରଥଯାତ୍ରା

ଚମତ୍କାର ଦୃଶ୍ୟଟିଏ ଦେଖି
ହଠାତ୍ ଥମକିଗଲା ପରି
କେମିତି ଲେଖି ହୋଇଗଲା ଶବ୍ଦଟିଏ,
ମନରେ ମାନଚିତ୍ରରେ
ଦେହରେ ଦର୍ପଣରେ
ଭାବିଲେ ଆଶ୍ଚର୍ଯ୍ୟ ଲାଗେ ।

ସ୍ୱପ୍ନଚାରୀ କବି ନିର୍ଦ୍ଦିଷ୍ଟ ଲକ୍ଷ୍ୟରେ
ଶବ୍ଦ ସଂଧାନ କରୁ କରୁ
କେମିତି ସ୍ଥିର ହୋଇଗଲା ଆଖିପତା
ଚେତନାର ଶୀର୍ଷବିନ୍ଦୁରେ,
ସେକଥା ଅନୁଭବିଲେ ବୁଝାଯାଇପାରେ ।
ହାଟ ମଝିରେ ଏମିତି
ଅକସ୍ମାତ ମିଳିଯାଇପାରେ ବ୍ରହ୍ମଜ୍ଞାନ ।
ନିଜସ୍ୱ ଅନୁଭୂତିର ସାଂଦ୍ରତା
ମୁହୂର୍ତ୍ତକେ ମିଥ୍ୟା ପ୍ରମାଣିତ କରିଦିଏ
ସୃଷ୍ଟିର ସକଳ ତତ୍ତ୍ୱ
କାଳଜୟୀ ସମସ୍ତ ଅକ୍ଷର
ଅନାବିଷ୍କୃତ ଶିଳାଲିପିର ଗୋପନ ଗାରିମା ।

ଅସୀମ ଜନସମୁଦ୍ର ମଝିରେ
ଆଉ ନିଜକୁ ଏକା ଏକା ଲାଗେ ନାହିଁ।
ମନହୁଏ ତୁମେ ଅଛ
ଏଠି, ସେଠି, ସବୁଠି ହାତପାହାନ୍ତାରେ।
ତୁମର ବିହ୍ୱଳ ପ୍ରମତ୍ତ ଦୃଷ୍ଟି
ନବୀନ ପ୍ରେମିକର ଆଖିର ଇସାରା ପରି
ଛୁଇଁଯାଏ ସାରା ସତ୍ତା
ସାତପ୍ରସ୍ତ ଆବରଣ ଭେଦି।

ତୁମର ନୀଳ ଜୀମୂତ କାନ୍ତି
ଢାଙ୍କିଦିଏ ମୋହାଚ୍ଛନ୍ନ ଆକାଶକୁ,
ଶୋକର ବଗିଚାରେ ଫୁଟିଯାଏ
ଅସୁମାରି ଅଶୋକ ସ୍ତବକ।

ଜୀବନର ସକଳ ଶୂନ୍ୟତା
ଭରିଯାଏ ବିପୁଳ ପ୍ରାପ୍ତିରେ।

ଦୟଣା ବାସ୍ନାରେ ବିଭୋର
ଅବଶ ମୂର୍ଚ୍ଛିତ ସତ୍ତା
ଶ୍ରୀଛାମୁରେ ନିଉଛାଳି କରେ,
ଆଉ ଥରୁଟିଏ ପୁନର୍ଜନ୍ମ ଦିଅ,
ଥରୁଟିଏ ଦେଖିବାକୁ ଦିଅ
ନିଜକୁ ଏମିତି ବାରବାର ଶୂନ୍ୟକରି
ପୁଣି ପୂର୍ଣ୍ଣ କରିବାର
ତୁମ ଅପରୂପ ଲୀଳାୟିତ ଭଙ୍ଗୀ।

ରହସ୍ୟମୟୀ

ଉଚ୍ଛକିତ ସମୁଦ୍ରର ଅଧୀର ଗର୍ଜନ
ନିଛାଟିଆ ଜହ୍ନରାତି
ନିରୋଳା ଝାଉଁବଣ
ଆକାଶ ବତାସ ବାଲି ଶାମୁକାର ମେଳା
ସମୁଦ୍ରର କଟିତଟେ ରୂପେଲି ମେଖଳା,
ସବୁକୁ ରହିଛି ଘେରି
ଏଇ ଯେ କୋମଳ ଉଦାସ ମୁହଁ,
ଏତେ ବେଶି ଚିହ୍ନାଚିହ୍ନା ଲାଗେ
ତାକୁ ବାଟଭାଙ୍ଗି ଚାଲିଯିବା ନିହାତି ଦୁରୁହ।

ଆଗକୁ ଚାହିଁଲେ ଦିଶେ ମାୟାବୀ ଦିଗନ୍ତ
ପଶ୍ଚାତ୍‌ଦୃଷ୍ଟି ଧକ୍‌କା ଖାଏ ପାହାଡ଼ ଶୀର୍ଷରେ,
ଜାଗୃତିର ଉର୍ଦ୍ଧ୍ୱବାହୁ ଛୁଇଁଯାଏ ସ୍ୱାତୀନକ୍ଷତ୍ରକୁ
ଦୃଷ୍ଟି ନୁଆଁଇଲେ ଦେଖେ
ଫୁଲଟିଏ ଫୁଟିଅଛି ଘାସର ଶେଯରେ।

ସବୁରି ଭିତରେ କିନ୍ତୁ
କାହାର ଏ ପରିଚିତ ଉଷୁମ ନିଃଶ୍ୱାସ
ଛୁଇଁ ଛୁଇଁ ଯାଏ ମୋର
ଗାଲ, ଓଠ, କପାଳ, ଚିବୁକ,
ଖୋଲା ମେଲା ଜୀବନର

ଚଉପାଶେ ବେଢ଼ିଯାଏ ଅଦୃଶ୍ୟ ବଳୟ
ନୀରବ ଦୃଷ୍ଟିର ଫାଙ୍କେ ଲଳିତ ଛନ୍ଦରେ
ଅନାହୂତ ଫୁଟିଉଠେ କଥାର ସ୍ତବକ।

ଚାରିଆଡ଼େ ଥମ୍ ଥମ୍ ନିର୍ଜନତା
ରହି ରହି ଶୁଭିଯାଏ
କଙ୍କଣର ରୁଣୁଝୁଣୁ ସ୍ୱର,
ବୈଶାଖର ଦି'ପହରେ କେଉଁଠୁ ଓହ୍ଲାଇ ଆସେ
ଛାଇଢଙ୍କା ଅପରାହ୍ଣଟିଏ
ପଥୁରିଆ ପୃଥିବୀରେ ଲୋଟିଯାଏ
ପ୍ରୀତିର ଫସଲ।

ଦିନ ନାହିଁ ରାତି ନାହିଁ
ସବୁବେଳେ ମନେହୁଏ
ଛାଇ ପରି ପଛେ ପଛେ କେହି ଚାଲୁଅଛି,
ହାତ ବଢ଼ାଇଲେ ନାହିଁ
ଆଖି ବୁଜିଦେଲେ ଅଛି
ବଉଳ ଫୁଲର ବାସ୍ନା
ଅଦିନରେ ଘରସାରା ମହକି ଯାଉଛି।

ଗୋପାଳୁଣୀ ମନ ମୋର
ସାରାଦିନ ଜଂଜାଳରେ କାନ ଡେରିଥାଏ
କେତେବେଳେ ଶୁଭିଯିବ
ବଂଶୀର ଏକଟଣା ତାନ,
ପାହାନ୍ତି ସ୍ୱପ୍ନହୋଇ କିଏ ଆସି କହିଯିବ,
'ଏଇ ମତେ ଆଖି ଖୋଲି ଦେଖ,
ମୁଁ ତୋର ସୁଖ ଦୁଃଖ, ହସ ଲୁହ,
ପାପ ଆଉ ପୁଣ୍ୟ।'

ସେତେବେଳେ ହୁଏତ ବା
ଆବେଗରେ, ଉଚ୍ଛ୍ୱାସରେ,
ଶିହରିତ ଶୀତ୍‌କାରରେ
ଫିଟିଯିବ ଗୋଟି ଗୋଟି ଛାତିତଳ
ଅମୁହାଁ କୋଠରୀ,
ଦୂରର କଦମ୍ବ ବନେ
ଛାଇଯିବ ଶ୍ରାବଣର ଘନଘୋର ବର୍ଷା
ଭିଜିଯିବ ଅଧାଲେଖା ଶବ୍‌ଦର ଚାତୁରୀ।

ସଂଘାତରେ ସଂଘର୍ଷରେ
ଆଲୋକରେ ଅଂଧାରରେ
କିଏ ସେ ଆବୋରି ଧରେ ମତେ
ଶିର ପରେ ଶିରସ୍ତ୍ରାଣ ହୋଇ,
ଦମ୍ଭିଲାପଣରେ ତା'ର ଚାପା ପଡ଼ିଯାଏ
ମୋର ଯେତେ ହୀନ ହୀନ ଅକିଂଚନ ଭାବ,
ମନେ ମନେ କହୁଥାଏ,
ଏମିତି ତୁ ଜିଇଁରହ କଳ୍ପରୁ କଳ୍ପାନ୍ତ
ଏଇ ଶତବର୍ଣ୍ଣା ପୃଥିବୀର
ସମସ୍ତ ଆୟୁଷ ନେଇ।

ଭଲ ଝିଅ

ନିରୁତା ସୁନାମର ରେଶମୀ ଶାଢ଼ି ପିନ୍ଧି
ଭଲ ଝିଅ ବସିଥାଏ
ସାତପ୍ରସ୍ଥ ପାଚେରୀ ଘେରା ଗମ୍ଭୀରା ଘରେ ।
ସାତପ୍ରସ୍ଥ ପାଚେରିରେ ସାତଗୋଟି ଦ୍ୱାର
ସାତଟି ଦ୍ୱାରରେ ପୁଣି ସାତ ଦ୍ୱାରପାଳ,
ସେଠି ଆଲୁଅକୁ ବାଟ ବନ୍ଦ
ପବନକୁ ବାଟ ବନ୍ଦ
ବାଟ ବନ୍ଦ ଫୁଲର ବାସ୍ନାକୁ
କୋଇଲି କୁହୁକୁ
ନିଛାଟିଆ ଦି'ପହର ବଇଁଶୀ ସ୍ୱରକୁ ।

ଭଲ ଝିଅର ନିବୁଜ ଦୁନିଆ ବାହାରେ
ଅନବରତ ଘଟିଯାଉଥାଏ ଘଟଣା
ଆଖି ପଲକରେ ବଦଳିଯାଉଥାଏ ଦୃଶ୍ୟ
ଝଲି ଉଠୁଥାଏ ନୂଆ ନୂଆ
ଚିତ୍ର ଓ ଚରିତ୍ର ।
ତା'ର ନାତିଶୀତୋଷ୍ଣ ପୃଥିବୀରେ
ଖରା ନାହିଁ ବର୍ଷା ନାହିଁ
ଶୀତ ନାହିଁ
ବସନ୍ତ ବି ନାହିଁ,
ଋତୁର ବୈଚିତ୍ର୍ୟ ତାକୁ କ'ଣ ଜଣା !

ଭଲ ଝିଅକୁ ଆଖିରେ
କୌତୁହଳର କଜଳ ପିନ୍ଧିବାକୁ ମନା
କପାଳରେ କଳଙ୍କର
କୁଙ୍କୁମ ନାଇବାକୁ ମନା
ମନା ପୁଣି ଦେହରେ ମଣ୍ଡିବାକୁ
ଅପବାଦର ଗହଣା ।
ତାକୁ ବାଟକୁ ଯିବାକୁ ମନା
ଘାଟକୁ ଯିବାକୁ ମନା
ଏମିତି କି ଫୁଲ ପାଖୁଡ଼ାରେ
ଓଠ ଛୁଇଁବାକୁ ମନା ।

ଭଲ ଝିଅ ଷୋଳଅଣା ସହିସୁନାର ପ୍ରତିମା
ତା'ର ଉଦ୍‌ବେଗହୀନ ଚାହାଣିକୁ
ଢାଙ୍କି ରଖିଥାଏ
କେଉଁ ନିସ୍ତରଙ୍ଗ ଶ୍ୟାମଳ ହ୍ରଦର ଛାଇ,
ତା'ର କ'ଣ ଯାଏ ଆସେ
ଦୁନିଆ ରହିଲେ କେତେ
ଦୁନିଆ ଭାସିଲେ କେତେ
ତା'ର ଯେ କେବେ କିଛି
ପାଇବାର କି ହାରିବାର ନାହିଁ ।

ଭଲ ଝିଅ ଜାଣେ ନାହିଁ
ଜହ୍ନରେ କଳଙ୍କ ଅଛି
ସୂର୍ଯ୍ୟରେ ଅଂଧାର,
ଆଖିପତା ନବୁଜି ବି ସ୍ୱପ୍ନ ଆସିପାରେ,
ଭଲ ଝିଅ ଜାଣେ ନାହିଁ
କାନ୍ଥର କାନ ଅଛି
ପବନର ପାଟି,
କୋଉ ଅସତର୍କ ମୁହୂର୍ତ୍ତରେ
ଯିଏ ତିଳକୁ ବି ତାଳ କରିପାରେ ।

ଯାହା ଯେମିତି ଅଛି
ସବୁ ସେମିତି ଥାଉ

ଯାହା ଯେମିତି ଅଛି
ସବୁ ସେମିତି ଥାଉ।
ତାକୁ ନିଜସ୍ୱ ଢଙ୍ଗରେ
ସଜେଇବାର ଚେଷ୍ଟା କରନା,
ଫୁଲରୁ ଉଡ଼ିଯିବ ବାସ୍ନା
ପତ୍ରରୁ ଉଭେଇଯିବ ଶ୍ୟାମଳିମା
ପବନରୁ ହଜିଯିବ ସଙ୍ଗୀତର କୁହୁ
ମହୁମାଛି ଓଠରୁ ଶୁଖିଯିବ ମହୁ,
ଯାହା ଯେମିତି ଅଛି
ସବୁ ସେମିତି ଥାଉ।

ହାତରେ ହାତ ଛନ୍ଦିବାର ବିହ୍ୱଳତା
ଆଖିରେ ଆଖି ରଖିବାର ବ୍ୟାକୁଳତା
ଓଠରେ ଓଠ ଛୁଇଁବାର ଭାବପ୍ରବଣତା
ସ୍ୱାଭାବିକ ଉଚ୍ଛୁରି ଆସୁ
ଅତଳ ତଳ ହୃଦୟ ଭିତରୁ,
ଆତ୍ମ ପ୍ରବଂଚନାର ବାଲିବନ୍ଧ ଦେଇ
ତା'ର ବାଟ ବନ୍ଦ କରନା,
ସମ୍ଭାବନାର ଉର୍ବରା ଭୂଇଁରେ
ମାଡ଼ିଯିବ ଉଦାସୀନତାର ଢେଉ।

ଭଲ ଲାଗିଛି ତ
ଦ୍ୱିଧାହୀନ ଉଚ୍ଚାରଣ କର,
ଭଲପାଇବ ତ ସର୍ତ୍ତହୀନ ଭଲପାଅ,

'କିମ୍ବା' ଓ 'କିନ୍ତୁ'ର କଣ୍ଟାବାଡ଼ କାଟି
ପ୍ରେମର ସଳଖ ରାସ୍ତା
ମନରୁ ମନ ଯାଏଁ ଲମ୍ବି ରହିଥାଉ ।

ବାହାରେ ଚମତ୍କାର ଚାନ୍ଦିନୀ ରାତି
ଆକାଶ ଭରା ଶୀତଳ ଜ୍ୟୋସ୍ନା,
ଭିତରେ ନୀଳାଭ ବିଜୁଳି ବନ୍ୟା ।
ବାହାରେ ଅବିରାମ ବର୍ଷାର ସୁଅ,
ସାୱାର୍ ତଳେ ଲହୁଣି ପିତୁଳା ଦେହ ।
ନିଶ୍ଚେତକ ସାହାରାରେ ଆଖି ବନ୍ଦ କରି
ଏ ରାତିର ଅପମାନ କରନା,
ସ୍ୱପ୍ନର ଲାଜକୁଳି ଲତା ଝାଉଁଳିଯିବ
ଆଖି ଛୁଉଁ ଛୁଉଁ ।

ଯାହା ଯେମିତି ଅଛି
ସବୁ ସେମିତି ଥାଉ,
ତାକୁ ଆପଣା ଛାଞ୍ଚରେ
ଢାଳିବାର ଚେଷ୍ଟା କରନା,
ଆଗକୁ ଆସୁଛି ଭୟଙ୍କର କଷ୍ଟର ଦିନ
ଦୀର୍ଘଶ୍ୱାସ ଭାରାକ୍ରାନ୍ତ ଅସଂଖ୍ୟ ମୁହୂର୍ତ୍ତ,
ତଥାପି ଆମର ସମ୍ପର୍କକୁ
କୌଣସି ନିର୍ଦ୍ଦିଷ୍ଟ ନାଁରେ
ନାମିତ କରନା,
ମିଥ୍ୟାର କମକୁଟ ଭିତରୁ
ସତ୍ୟର ଶିଳାଲେଖ ଉଜ୍ଜ୍ୱଳ ହେଉ,
ଯାହା ଯେମିତି ଅଛି
ସବୁ ସେମିତି ଥାଉ ।

ପ୍ରବାସୀ ପ୍ରିୟ

ବାକ୍ସ ଖୋଲିଦେଲେ
ଶାଢ଼ି ଭାଙ୍ଗରୁ ଉପୁଚି ଉଠେ
ଗଂଧକର୍ପୂର ବାସ୍ନା,
ଚିଠିବିଡ଼ାରୁ ଛିଟ୍‌କି ଆସେ
ଶସ୍ତା ଦେଶୀ ଅତର ଗଂଧ,
ବଖରା ସାରା ଖେଳିଯାଏ
ପୁରୁଣା ଅପାସୋରା ଅନୁଭୂତିର
କିଛି ପୁଲକ ପଖଳା ମହକ।

ମିଂଜି ମିଂଜି ଦୀପ ଆଲୁଅରେ
ଚିଠିର ଅକ୍ଷର ସବୁ ଦିଶେ ପାଣିଚିଆ,
ଅସ୍ପଷ୍ଟ ଧୂଆଁଳିଆ।
ସ୍ନେହରେ ହାତ ବୁଲେଇନେଲେ
ମନେହୁଏ ଧୂଳି ସହ ପୋଛିହୋଇ ଆସୁଛି
ଚିହ୍ନା ହାତର ନରମ ସ୍ପର୍ଶ,
ନିରୋଳା ମୁହୂର୍ତ୍ତର ତତଲା ନିଶ୍ୱାସ
ପୁଣି ସୁନା ସିନ୍ଦୁକରେ ସାଇତା
ଅତୁଟ ବିଶ୍ୱାସ।

ଦୁଆରବନ୍ଧରେ ପଡ଼ିଥାଏ
କାହାର ଦୀର୍ଘ ଦେହର ଛାଇ,

ଚବିଶ ପହର ବାଟ ଜଗିଥାଏ
ଶାଶୁ ନଣନ୍ଦର ସଂସାର,
ନିତି ଘୋଷା ଘରକରଣାର
ଆକ୍ତାମାକ୍ତା ଜଂଜାଳ।

ଚୁଲି ଉପରେ ଭାତ ଫୁଟୁଥାଏ ତ
ଛାତି ଭିତରେ ଅସମ୍ଭାଳ ଇଚ୍ଛାର
ଫୁଲ ଫୁଟୁଥାଏ।
ବାମ୍ଫରେ ମିଳେଇଯାଏ
ଯେତେ କୋହ, ଲୁହ,
ସହସ୍ର କୋଶ ଦୂରରୁ ଟାଣୁଥିବା
ଅଦୃଶ୍ୟ ଅଛିଣ୍ଡା ମୋହ।

ଅନେକ ରାତିରେ
ଘରସାରା ଲୋକ ଶୋଇଗଲା ପରେ,
ନିଦ ଆସୁନଥିବା ଆଖି ଆକାଶକୁ
ଜହ୍ନ ଓହ୍ଲାଇଆସେ
ଅତି ସନ୍ତର୍ପଣରେ।
ଚୁପ୍‌କରି କିଏ କାନେ କାନେ କହେ,
'ଏଥର ଆଖି ବୁଜିବାକୁ ହେବ,
କାଲି ଗୁରୁବାର
କାଲି ହାଟବାରି
କାଲ ସ୍ୱପ୍ନବାରି,
ତେଣୁ ଯେମିତି ହେଉ
ଆସନ୍ତାକାଲିକୁ
ଅପେକ୍ଷା କରିବାକୁ ହେବ।'

ଦେବକୀ

ଏମିତି ମୁହୂର୍ତ୍ତ ସବୁ
ବାରମ୍ବାର ହାତପାହାନ୍ତାକୁ ଆସୁଥିବ
ଅଥଚ ଧରିବାକୁ ଚେଷ୍ଟା କରୁକରୁ
ଉଡ଼ିଯାଉଥିବ ଭିଣାତୁଳା ପରି
ଇତସ୍ତତଃ ପବନରେ ।

ନିଛାଟିଆ ଭୋଦୁଅ ସଂଜର
ମହଲଣ ଆଲୁଅରେ
ତୁମ ପାଦଶବ୍ଦକୁ ଅନିଶା କରିକରି
କ୍ରମଶଃ ରାତି ବଢୁଥିବ
ଅନ୍ଧାର ଗାଢ଼ ହେଉଥିବ
ଏକାକାର ହେଉଥିବ ଆକାଶ ପୃଥିବୀ
ଘୋର ବର୍ଷାରେ,
ତଥାପି ତୁମ ଡାକ ଶୁଭୁନଥିବ
ଏରୁଣ୍ଡି ବାହାରେ ।

କେତେ ଜନ୍ମର କରଜ
ମୋ ଉପରେ ଅଛି କୁହ,
ଯାହାକୁ ଭରଣା କରିବାକୁ
ରକ୍ତସବୁ ପାଣି ଫାଟିଲାଣି
ଲୁହ ଯେତେ ବାମ୍ଫ ପାଲଟିଲାଣି

ଝାଳବୁନ୍ଦା ଦାନା ବାନ୍ଧିଲାଣି
ଅନୁଚ୍ଚାରିତ ଅସହାୟତାରେ !

ମୁଁ ତ ମୋର ଭଲ ଥିଲି,
କାରାବାସର ଦିନସବୁ ବେଶ ଚମତ୍କାର ।
ଚିନ୍ତାଦକଶୂନ୍ୟ
ଘଟଣାବିହୀନ,
ପେଟପାଟଣାର ଦାୟ ନାହିଁ
ଆଗତ ଭବିଷ୍ୟତର ଆଶଙ୍କା ବି ନାହିଁ,
ସବୁ ସମୟରେ ଖାଲି ନିଜ ପାଇଁ ନିଜେ ।

ତୁମକୁ କିଏ କହୁଥିଲା
ଦୂର ଆକାଶର
ସ୍ୱପ୍ନ ଅପହଂଚ ନକ୍ଷତ୍ରକୁ
ମୋ ହାତମୁଠାରେ ତୋଳି ଦେବାକୁ,
ନା ମୁଁ ତାକୁ ଏବେ ଫିଙ୍ଗି ପାରୁଛି
ନା ସାରା ସଂସାରର କୌତୁହଳୀ ଦୃଷ୍ଟିରୁ
ଆଢୁଆଳ କରି
ପଣତ ଛାଇରେ ରଖିପାରୁଛି !

ମାଟିର ସାମର୍ଥ୍ୟ ନାହିଁ
ଅଙ୍କୁରୋଦ୍‌ଗମର ନିର୍ଦ୍ଦିଷ୍ଟ ମୁହୂର୍ତ୍ତକୁ
ଆଉ କିଛି କାଳ ଟାଳିଦେବ,
ଯାହା ଅବଧାରିତ
ତା' ଅବଶ୍ୟ ଘଟିବ ହିଁ ଘଟିବ ।

ଦୁଃଖ

ସତ କଥା
ଦୁଃଖ କାହାର ନାଇଁ ଯେ
ମୁଁ ତାକୁ ଗଣ୍ଠିଧନ କରି ସାଇତି ରଖିଛି,
ଦୁଃଖ କାହାର ନାଇଁ ଯେ
ତାକୁ ଭାବି ମୁଁ ରାତି ରାତି ଜାଗି ବସିଛି !

ଆକାଶର ଦୁଃଖ ବର୍ଷା ହୋଇ ଝରୁଛି
ମାଟିର ଦୁଃଖ ଫୁଟିଉଠୁଛି
ତା' ଫଟା ଓଠରେ,
ନଈର ଦୁଃଖ ସୂଚେଇଦିଏ ତା'ର ଗଭୀରତା
ପାହାଡ଼ର ଦୁଃଖ କଥା କହେ ତା'ର କଠିନତା ।
ଉତ୍ତୀର୍ଣ୍ଣ ସନ୍ଧ୍ୟାର ଆକାଶକୁ
ସ୍ତବ୍ଧ କରିଦିଏ
ନୀଡ଼ହରା ପକ୍ଷୀର ଦୁଃଖ,
ପତ୍ରଝରା ପରର ଥୁଣ୍ଟା ଶାଖାରେ
ଲେଖା ହୋଇଥାଏ ଗଛର ଦୁଃଖ ।

ଏଇମାତ୍ର ଜନ୍ମ ନେଇଥିବା ଶିଶୁର
ଛଳଛଳ ନୀଳ ଡୋଳାରେ
ପହଁଚୁଥାଏ ଦୁଃଖର ପ୍ରତିବିମ୍ବ,
ଅସମୟରେ ଆସୁଥିବା ସିତାରର ଧ୍ୱନିରୁ

ବାରି ହେଉଥାଏ
ନିରୁତା ଦୁଃଖର ଅନୁଭବ।

ଦୁଃଖ ସବୁଠାରେ,
ନିବୁଜ କୋଠରିରେ
ଖୋଲାମେଲା ଅଗଣାରେ
ଚୁନଧଉଳା ସଫେଦ କାନ୍ଥରେ,
ପୁଣି କାନ୍ଥରେ ଝୁଲୁଥିବା
ଦୁଃଖନାଶକ ଆଶ୍ଚର୍ଯ୍ୟ ମୁଦ୍ରିକାର
ବିଜ୍ଞାପନ ସମ୍ବଳିତ କ୍ୟାଲେଣ୍ଡରରେ।

ବରଂ କହିପାର
ତୁମଠାରୁ ମୋ ଦୁଃଖ ଯଥେଷ୍ଟ କମ୍।
ମୁଁ ତ କିଛି କଥା କହିପାରୁଛି
ଶବ୍ଦରେ ଶବ୍ଦରେ,
କିଛି ଦୁଃଖ ଝରେଇ ପାରୁଛି
ଲୁହରେ ଲୁହରେ,
ପାଣି ଆଞ୍ଜୁଳାଏ ପରି
ଦୁଃଖ ଆଞ୍ଜୁଳାଏ ଟେକିଦେଇ ପାରୁଛି
ପ୍ରିୟ ଉଦ୍ଦେଶ୍ୟରେ।

କୋଉ ଆବହମାନ କାଳରୁ
ଦୁଃଖର ଅବୋଧ ଶିଶୁଟିକୁ
ଛାତିକୁ ଆଉଜେଇ ନେଇଛି ଯେ,
ସେ ଛାତିର ଅଂଶ ହୋଇସାରିଛି।
ତେବେ ଦୁଃଖ କୋଉଠି ନାଇଁ ଯେ,
ତା' ପାଇଁ
ଏତେ କବିତା ଲେଖା ଚାଲିଛି !

କବିପତ୍ନୀ

ଇମିତି ଇମିତି ଦିହକ ଗଲା ।
ଅଣଚାଶ ପବନ ଦାଢ଼ରୁ
ଝାଉଁଳା ସଳିତାଟିକୁ
କାନି ଢାଙ୍କୁ ଢାଙ୍କୁ କାଳ ପାହିଗଲା ।
ନା ଦେଖିଲି ଘର
ନା ଦେଖିଲି ବାହାର
ଏରୁଣ୍ଡି ଜଗି ରହିଗଲି ଚିରକାଳ ।

କେତେଥର ଭାବିଛି,
ଆଉ ନୁହେଁ,
ଢେର ହେଲା ଏ ଖେଳ,
ମିଛ ମାଲିକାନାର ତୁଚ୍ଛ ଅହଂକାର ।

ଏଥର ମାଡ଼ି ଆସୁଥିବା ଢେଉକୁ
ବାଟ ଛାଡ଼ିଦେବି
ପଂଜୁରୀ ଖୋଲି
ପୋଷା ଶୁଆଶାରୀଙ୍କୁ ଉଡ଼େଇଦେବି ।
ଆପଣା ହାତରେ ଉଜାଡ଼ିଦେବି
ସଜଡ଼ା ବଗିଚା
ନିର୍ମୂଳ କରିଦେବି ରୋଇଥିବା ଗଛଲତା,
ପବନର ଭଉଁରୀ

ଯୁଆଡ଼େ ନବ ନଉ
ମୋ ପାଇଁ ସ୍ୱର୍ଗ ନର୍କ
ସବୁ ଏକା କଥା।

କପାଳ ତ ସାତଶତ୍ରୁ
କହିବି କାହାକୁ,
ରାତାରାତି ମଝି ଅଗଣାରେ
ବାଡ଼ ବସିଗଲା,
ଆପଣା ଦରବ ସବୁ ଦୁଇଭାଗ ହେଲା।
ମୋ ଭାଗରେ
ହଳଦି କାଠୁଆ, ସିନ୍ଦୂର ଫରୁଆ,
କଜଳପାତି,
ତୁମ ଭାଗରେ
ପଦୁଅଁ ପୋଖରୀ, ଫସଲ କିଆରି,
କାକରଧୁଆ ଅଶିଣ ରାତି।

ହଉ, ଦିନେ ନା ଦିନେ ତ
ମନେପଡ଼ିବ,
ପଦୁଅଁ ପୋଖରୀର କଳାଘୁମର ଜଳରେ
ଦିହ ପଖାଳିବା ବେଳେ
ହଳଦିକାଠୁଆ ତ ନିଶ୍ଚେ ଲୋଡ଼ାପଡ଼ିବ।

କୁଆଁରୀ

ମତେ ଯେମିତି ମାରୁଛ ମାର,
ବିଷରେ କି ବିଶ୍ୱାସରେ
ମହୁରେ କି ମହୁରାରେ
ହେଲେ ହୃଦୟକୁ ମୋର
ଅକ୍ଷତ ରଖିଥାଅ,
ଆଉ କାହାର ହୃଦୟେଶ୍ୱରୀ ହେବାଲାଗି
ମୁଁ ଅଙ୍ଗୀକାରବଦ୍ଧ।

ମୋର ଆକାଶ ଏବେ ବି ନୀଳ
ପୃଥିବୀ ତଥାପି ସବୁଜ
ଶିରାପ୍ରଶିରାରେ ପ୍ରବାହିତ
ଗାଢ଼ ଲାଲ୍ ରକ୍ତ,
ମୁକୁଳିଯିବାର ସ୍ପର୍ଦ୍ଧା
ଉଡ଼ିବାର ଦୁରନ୍ତ ଇଚ୍ଛାରେ
ମୁଁ ଆଜନ୍ମ ମଣ୍ଡିତ।

ମୋ ଭିତରେ ଏବେ ବି ସତେଜ
କବିତାର ଫୁଲବନ
ପବନର ବଂଶୀସ୍ୱନ
ରକମାରି ଫୁଲର ଜାତିଜାତି ବାସ୍ନା,
ଗୁଣୁଗୁଣୁ ମହୁମାଛି

ରୁଣୁଝୁଣୁ ପ୍ରଜାପତି
ଲତାରେ ପତ୍ରରେ ଚିକ୍‌ମିକ୍
ଖରାର ଆଇନା ।

ମୋର ଆଖିରେ ରହିଛି ଦେଖ
ବାରୁଦର ସ୍ତୂପ ପୁଣି ବରଫ ପାହାଡ଼,
ଚାହିଁଲେ ଜଳେଇଦିଅ
ଚାହିଁଲେ କୋଳେଇନିଅ,
ତୁମ ସୋହାଗ ଓ ଲାଞ୍ଛନାର
ସୂତା ଖିଅକରେ ଝୁଲୁଅଛି
ମୋର ଭାଗ୍ୟ ଓ ଭବିତବ୍ୟ
ସ୍ଥିତି ଓ ବିଲୟ ।

ମତେ ଯେମିତି ମାରୁଛ ମାର,
ସ୍ନେହରେ କି ଧିକ୍‌କାରରେ
କଟୁରି କି କଟାକ୍ଷରେ,
ହେଲେ ସ୍ୱପ୍ନକୁ ମୋର
ଅକ୍ଷୁର୍ଣ୍ଣ ରଖିଥାଅ,
ଆଉ କାହାର ସ୍ୱପ୍ନ ହେବାଲାଗି
ମୁଁ ପ୍ରତିଶ୍ରୁତିବଦ୍ଧ,
ପଦ୍ମ ପତ୍ରେ ଢଳଢଳ ଜଳବିନ୍ଦୁ ପରି
ତୁମ ପାପର ସରସୀରେ
ଶୁଭ୍ର ରାଜହଂସୀ ମୁଁ,
ତଥାପି ଅପାପବିଦ୍ଧ ।

ଶୀତ ସ୍ମୃତି

ଶୀତ ଆସିଲେ ତୁମେ ଆସ,
ହେମାଳ ଦେହରେ
ପତଳା ସାଲ୍‌ର ବେଢ଼ଣ ପରି
ଶୀତ ସଂଜର ଉଦାସ ନିଃସଙ୍ଗତାକୁ
ବେଢ଼ିଯାଏ ତୁମ ସ୍ମୃତି ।

ପାତଳ ଅଂଧାରରେ ଦାଉ ଦାଉ ଝଟକୁଥାଏ
ତୁମ ମୁହଁ, ଆଖି,
ଆଖି ତ ନୁହେଁ
ସ୍ମର୍ଦ୍ଧିତ ବାରବାଟୀ ଦୁର୍ଗ,
କେତେ ଜଣା ଅଜଣା ଇତିହାସର
ନୀରବ ସାକ୍ଷୀ ।

ବାରବାଟୀର ମାଟିତଳେ ଛପି ରହିଥାଏ
ଅନେକ ରହସ୍ୟ
ଲୁପ୍ତ ଅତୀତର ଭଗ୍ନାବଶେଷ,
ପଥର କାନ୍ଥ, ମନ୍ଦିର ଚୂଡ଼ା,
ରୌପ୍ୟ ପାତ୍ର, ସ୍ୱର୍ଣ୍ଣ ମୁଦ୍ରା,
ଖୋଦିତ ଶିଳାଲିପି,
ସ୍ମୃତିର ସମାଧି ତଳେ ଚାପି ହୋଇଥାଏ
ମୁହୂର୍ତ୍ତ ମୁହୂର୍ତ୍ତର ସ୍ୱରଲିପି

ଅଶ୍ରୁ, ବିଷାଦ,
ଆନନ୍ଦ, ରୋମାଞ୍ଚର ଯୁଗଳବନ୍ଦୀ ।

ପ୍ରତ୍ନତାତ୍ତ୍ୱିକକୁ ପ୍ରତ୍ନତତ୍ତ୍ୱର
ନିଶା ଘାରିଥାଏ
ଯେତେ ପାଉଥାଏ ସେତେ ଖୋଜୁଥାଏ,
ଦୁର୍ବୋଧ ଶିଳାଲିପିରୁ ସାଉଁଟୁଥାଏ
ନୂଆ ନୂଆ ଅର୍ଥ,
ସାରା ଶୀତରାତି
ସ୍ମୃତିର ନିଆଁ ଜଳୁଥାଏ
ରକ୍ତ ଝରୁଥାଏ
ଗଭୀରରୁ ଗଭୀରତର ହେଉଥାଏ କ୍ଷତ ।

ପ୍ରତ୍ନତାତ୍ତ୍ୱିକ ନିଛକ ଯୋଗସୂତ୍ରଟିଏ
କାଲି ଓ ଆଜି ମଧ୍ୟରେ,
ଆବିଷ୍କୃତ ବସ୍ତୁ ସବୁ
ଅତୀତର ଅମାନତ ଭବିଷ୍ୟତ ପାଇଁ,
ସୁରକ୍ଷିତ ହୋଇ ରହିଥାଏ
ଉତ୍ତର ପିଢ଼ି ଲାଗି
ସଂଗ୍ରହାଳୟର କାଚ ବାକ୍ସରେ,
ହେଲେ ସ୍ମୃତିର ଐଶ୍ୱର୍ଯ୍ୟ
ଚିରକାଳ ହୃଦୟବନ୍ଦୀ,
ତୁମେ କୁହ,
ଦେହ ଛାଡ଼ି ଗଲାବେଳେ
ତାକୁ ଛାଡ଼ିଯିବି କାହା ମାର୍ଫତରେ ?

ସିଂଦୁକ

ଶିଶୁକାଠର ସିଂଦୁକ ଯୌତୁକରେ ଆସିଥିଲା ।
ପଚାଶବର୍ଷ ତଳେ
କନକାଂଜଳି ଟେକିଦେଲା ବେଳେ
ମା' ଝିଅକୁ କହିଥିଲେ,
'ଆଜିଠାରୁ ତୁ ଅନ୍ୟମାନଙ୍କର,
ଖାଲି ଏଇ ସିଂଦୁକଟି ତୋ ନିଜର ।'

ମା' କେବେଠାରୁ ଗଲାଣି,
କେତେ ନୂଆ ମୁହଁରେ ଭରିଗଲାଣି
ଘରର ଅଗଣା ।
ସିଂଦୁକ ସେମିତି ରହିଛି,
ଝିଅର ସାରା ଜୀବନର ଅର୍ଜନ
ନିଜ ଭିତରେ ସଂଚିରଖିଛି
ଅନ୍ୟମାନଙ୍କ ଆଖିରୁ ଉହାଡ଼ କରି ।

ଝିଅ ଯାହାସବୁ ବାପଘରୁ ଆଣିଥିଲା
ଛୁଂଚିସୂତାରୁ ଗଜମୁକୁତା
ମାଟି କଣ୍ଢେଇରୁ କାଠଘୋଡ଼ା
ସବୁ ସାଇତିଛି ସିଂଦୁକରେ ।
ଏମିତିକି କଂଢ଼େଇ ଆଖିର ସ୍ୱପ୍ନ
କଅଁଳ ମନ

କାଠଘୋଡ଼ାର ଆକାଶଛୁଆଁ ସାହସ
କୂଳଲଂଘା ବୟସ ବି।
ଆହୁରି ରଖିଛି
ଶାଶୁଘରୁ ମିଳିଥିବା ନାନା ଉପହାର
ସୁନାହାର, ହୀରାମୁଦି, ରେଶମୀ ଶାଢ଼ି
ରୂପା ପାଉଁଜି, ଲୁହା ଜଂଜିର, ଫାଶୀ ଦଉଡ଼ି।

ସିଂଦୁକରେ ଅଛି
ପ୍ରିୟ ସାଙ୍ଗର ଚିଠି ପରି 'ଅତୀତ',
କୁହୁଡ଼ିର କାନ୍‌ଭାସ୍‌ରେ ଅଙ୍କା
ଧୂଆଁ ରଙ୍ଗର ଗୋଟେ ଚିତ୍ରକଳା,
ଯାହାର ନାଁ 'ଭବିଷ୍ୟତ'।

ଥରେ ଥରେ
ଘରେ କେହି ନଥିଲାବେଳେ
ଝିଅ ସିଂଦୁକ ଖୋଲେ
ଅତି ସନ୍ତର୍ପଣରେ।
ଗୋଟି ଗୋଟି କରି
ସବୁ ଜିନିଷକୁ ଛୁଏଁ
ସ୍ନେହରେ ଆଉଁଶିଦିଏ
ପୁଣି ଧୂଳି ଝାଡ଼ିଦେଇ
ପୂର୍ବ ସ୍ଥାନରେ ସଜେଇଦିଏ।
ସେତେବେଳେ ଜମା ଥରିଉଠେ ନାହିଁ
ତା' ଆଙ୍ଗୁଳି କି ଆଖିପତା,
ପଚାଶବର୍ଷର ରଡ଼ନିଆଁରେ ସେକିହୋଇ
କଂଚାମାଟିର କଣ୍ଢେଇ ପାଲଟି ଯାଇଥାଏ
ଟେରାକୋଟାର ଅଭଙ୍ଗା ନାୟିକା।

ଝିଅ ଜାଣେ

ଏ ଘର ତା'ର ନୁହେଁ,
ଦିନେ ଏଠୁ ତାକୁ ଯିବାକୁ ହେବ,
ହେଲେ ଆଣିଥିବା ସିଂଦୁକ
ଗଲାବେଳେ ନେଇହେବ ନାହିଁ,
ସମସ୍ତ ଅର୍ଜନ ସହ
ସେ ତାକୁ ରଖିଯିବ
ତା' ନିଜ ଝିଅ ପାଇଁ।

ମୁଁ ନଥିବି

ଆଜିର ଏ ସଂଜ ପରେ
ଆସିବ ଆହୁରି ଅନେକ ସଂଜ,
ସବୁ ପୂର୍ବପରି ଥିବ,
ଧୂସର ଆକାଶ
ଶ୍ୟାମଳ ନଈପଠା
ହାତପାହାନ୍ତାର ଦିଗ୍‌ବଳୟ,
ସୁନେଲି ଅଣ୍ଟାସୂତା ପରି
ନଈର କ୍ଷୀଣ ଦେହ।

ସେଦିନ କିନ୍ତୁ ମୁଁ ନଥିବି,
ଏବଂ ନଥିଲେ ନଥିବ
ତୁମ ଗହ୍ମମୁଖର ଓଠ
ସ୍ୱପ୍ନବିଭୋର ଆଖି
ନଟ୍‌ଖଟ୍ ଆଙ୍ଗୁଳିର ଛୁଆଁଛୁଇଁ ଖେଳ,
ଏବଂ ଦର୍ପଣ ପରି
ସ୍ୱଚ୍ଛ ସ୍ନିଗ୍ଧ କପାଳ।

ସେଦିନ ଆକାଶରେ ଜହ୍ନ ଥିଲେ ବି
ଜ୍ୟୋତ୍ସ୍ନା ଝରୁଥିବ କି ନାଇଁ,
ପବନ ବହୁଥିଲେ ବି
ସୁଗଂଧି ଥିବ କି ନାଇଁ କିଏ ଜାଣେ,

କିଏ ଜାଣେ କେମିତି ଥିବ
ତୁମ ମହୁଫେଣା ଘର,
ଝଡ଼ବର୍ଷା ଆଘାତରେ ଜରାଜୀର୍ଣ୍ଣ
ନା ସେମିତି ଅବିଚଳ ନିଖୁଣ!
'ପ୍ରେମ' ଓ 'ବିଶ୍ୱାସ' ଭଳି ଶବ୍ଦମାନେ
ସେଦିନ ଥିବେ କେଉଁଠାରେ,
ଦାଣ୍ଡ ଚଉପାଢ଼ି
ନା ଭିତର ଖଂଜାର ଗଂଭୀରି ଘରେ!

ତେବେ ଏକଥା ନିଶ୍ଚିତ
ସେଦିନ ମୁଁ ନଥିବି।
କୋଉକାଲୁ ଉଜୁଡ଼ି ଯାଇଥିବ
କବିତାର ଫୁଲବନ
ସ୍ୱପ୍ନ ବିଧ୍ୱସ୍ତ ଭୂଇଁରେ ଶୁଭୁନଥିବ
ମହୁମାଛିର ଗୁଂଜନ
କନା ଭିତରର କର୍ପୂର ଭଳି
ମୁଁ ଶୂନ୍ୟରେ ମିଳେଇ ଯାଇଥିବି,
ଏକଥା ନିଶ୍ଚିତ
କବିତା ନଥିବ ତ ମୁଁ ବି ନଥିବି
କବିତା ନଥିବ ତ ମୁଁ ବି ନଥିବି।

ପ୍ରାକୃତିକ

ମୋର କେବେ ବି
ଘର ତୋଳିବାର ନଥିଲା,
କାହିଁକି ସାଉଁଟିଥାଆନ୍ତି କୁଟାକାଠି
ସାଇତି ରଖିଥାନ୍ତି କଉଡ଼ିମୁଠି,
ମତେ ଆକାଶ ଡାକୁଛି ଏଠି ଦିନରାତି
ପୁଣି କୋଳେଇ ଧରିଛି ଏ ଓଦା ମାଟି।

ପାହାଡ଼ି ଝରଣା ପରି ବହିଗଲାଣି
କେଜାଣି କେତେ ଦିନ
ଦିନରେ ସୂର୍ଯ୍ୟ ସାକ୍ଷୀ
ରାତିରେ ଜହ୍ନ,
ଭସା ବାଦଲ ପରି ମୋର ଖିଆଲି ମନ
ବିଜୁଳିଲତା ପରି ଆଖିର ସ୍ୱପ୍ନ।

ମୁଁ ତ ଲାଭରେ ନାହିଁ
କାହା କ୍ଷତିରେ ନାହିଁ,
ଭାବର କିଣାବିକା କରିନି କାହିଁ!
କାହିଁକି ଶିଖିଥାନ୍ତି ଅଙ୍କକଷା
ଠକିବା ଠିକିବାର ମିଛ ବେଉସା,
ମତେ ଘାରିଛି ଖାଲି ଏକା
ଜିଇଁବା ନିଶା।

ଏଇ ପାହାଡ଼ ମତେ କରିଛି ନିଦା
ଆସୁ ଆସିବ ଯେତେ ଝଡ଼ କି ବାତ୍ୟା
ଶାଳଗଛ ପରି ମୁଁ ରହିବି ସିଧା,
ନଇଁବି ନାଇଁ କେବେ କାହାରି ଆଗେ
ମାନିବି ନାଇଁ ଯେତେ ଅନ୍ୟାୟ ବାଧା।

ନିଦାଘ ଖେଳୁ ଯେତେ ନିଆଁର ଖେଳ
ଜଳୁ ଜଙ୍ଗଲ, ନଈ, ଡଙ୍ଗର ମାଳ,
ତଥାପି ଯିବିନି ମୁଁ କେବେ ବି ହାରି
ଛାତିର ମହୁଫେଣା ରହିଛି ଭରି।

ମୋର ଆଗରେ ନାହିଁ କେହି
ପଛରେ ନାହିଁ,
ନିଜେ ମାପୁଛି ବସି ନିଜର ଛାଇ।
କାହିଁକି କରିଥାନ୍ତି ନାଟକ କୁହ
ଛଳନା ହସ ହସି ଢାଳନ୍ତି ଲୁହ,
ସବୁ ଭୟକୁ ମୁଁ ତ କରିଛି ଜୟ,
ମୋର ଜୀବନ ପ୍ରିୟ
ପୁଣି ମରଣ ପ୍ରିୟ।

ମଧ୍ୟାହ୍ନ ଅଭିସାର

ଜାଣିଥିଲି ଯେତେବେଳେ ତାରାମାନେ
କ୍ଳାନ୍ତିରେ ଆଖି ବୁଜିଦିଅନ୍ତି
ଜହ୍ନ ସ୍ୱପ୍ନମନସ୍କ ହୁଏ,
ସେତେବେଳେ ଆରମ୍ଭ ହୁଏ
ଅଭିସାରର ପର୍ବ,
ହେଲେ ଡହଡହ ତାତିରେ
ଗୋଇଠି ସିଝେଇ
ତୁମପରି କିଏ ଆସେ ଅଭିସାରକୁ ?

ତୁମ ଗଳାରେ ଝୁଲୁଥାଏ
ରକ୍ତ ମଂଦାରର ମାଳା
କପାଳରେ ଶୋଭୁଥାଏ ତ୍ରିକୋଣ ତିଳକ
ଦେହରେ ଝଟକୁଥାଏ
କୁହୁଡ଼ିର ପାଟବସ୍ତ୍ର
ମହମହ ବାସୁଥାଏ ଶ୍ମଶାନ ବିଭୂତି ।

ହାତରେ ଥାଏ
ବଂଶୀର ଯାଦୁଦଣ୍ଡ,
ଘଡ଼ିକରେ ନିଦ୍ରାଚ୍ଛନ୍ନ କରିଦିଏ
ସମଗ୍ର ନଗର,
ସାଥି ସହଚର ।

ତୁମ ପାଦଶବ୍ଦ ଶୁଣୁଶୁଣୁ
ମୋ ଭିତରେ ଉଠିବସେ
ନିଦ୍ରିତା କାମିନୀ,
ନାରୀ ଚିରନ୍ତନୀ।
ଦେହରୁ ଉତାରିଦିଏ ଅଙ୍ଗବାସ
ରତ୍ନ ଆଭୂଷଣ,
ପବନକୁ ସମର୍ପିଦିଏ ଉନ୍ମୁକ୍ତ କବରୀ,
ନଈରେ ଉଜେଇଦିଏ
ଅମଉଳା ଅଙ୍ଗରାଗ
କୁଙ୍କୁମ କସ୍ତୁରୀ।

ସେତେବେଳେ
ପଳାଶ ଫୁଲର ଅଗ୍ନିରେ ଅଗ୍ନିସ୍ନାତ
ଦିଗମ୍ବର ଆକାଶ ତୁମେ,
ମୁଁ ମୋହମୟୀ
ଅନାବୃତ୍ତା ଅରଣ୍ୟ ଶର୍ବରୀ।

ଆସ,
ଏଥର ମିଳିତ ହେବା ଆମେ
ସହବାସରେ, ସହଭୋଗରେ,
ସହଭାଗ୍ୟରେ।

ଭଲ କବିତା

ଭଲ କବିତା କେମିତି ଲେଖାଯାଏ,
ଶବ୍ଦରେ ନା ରକ୍ତରେ
ସମ୍ମୋହନରେ ନା ସଂଯୋଜନାରେ !

ଗହନ ଅରଣ୍ୟରେ ବାଟ ହାରିଥିବା
ମୃଦୁସ୍ରୋତା ନଈଟି ପରି
ଭଲ କବିତା ମୁକ୍ତିର ରାସ୍ତା ଖୋଜୁଥାଏ,
ଶେଷ ରାତିର ବହଳ ଅଂଧାର ଭିତରେ
ଗୋଟେ ହିରଣ୍ମୟ ସକାଳକୁ ଅପେକ୍ଷା କରି
ତପସ୍ୟାରେ ବସି ରହିଥାଏ,
ଯେମିତି ଏଇମାତ୍ର ଈଶ୍ୱର ଆସିଯିବେ
ଏବଂ 'ତଥାସ୍ତୁ' କହିଦେବେ ।

ଭଲ କବିତାର ମୂଳ ଉତ୍ସ ଖୋଜି ଖୋଜି
ମୁଁ ସାରା ବ୍ରହ୍ମାଣ୍ଡ ଘୂରୁଥାଏ
ତନ୍ନ ତନ୍ନ କରି ପରଖୁଥାଏ
ମୋର ପୂର୍ବଜମାନଙ୍କର ଇତିହାସ,
କେତେ ଅତୃପ୍ତି, ହାହାକାର
ଓ ଦୀର୍ଘଶ୍ୱାସର ଧୂଳିଝଡ଼କୁ
ନିଶ୍ୱାସରେ ଭରୁଥାଏ,
ସ୍ନାୟୁରେ ସଂଚୁଥାଏ ସମୁଦ୍ରର ଅବସୋସ ।

ଆବେଗର ଭଉଁରୀରେ
ଚକ୍ର କାଟୁଥାଏ ସିନା,
ଗଙ୍ଗୋତ୍ରୀର ସଂଧାନ ପାଏନା।

ବହୁବାର ଏକାନ୍ତରେ
ମୁଁ ପଚାରେ ମୋର ଲୁହକୁ,
ହସକୁ, ଭାବନାକୁ, ଭଲପାଇବାକୁ,
ଆଜିକାଲି କାହିଁକି ସେମାନେ
ଏତେ ବେଶି ଅନ୍ତଃସାରଶୂନ୍ୟ,
ସମସ୍ତ ସ୍ୱଚ୍ଛତା ସତ୍ତ୍ୱେ
ଧରିରଖି ପାରୁନାହାନ୍ତି
ଗୋଟେ ଅନ୍ତରଙ୍ଗ ଅନୁଭବର ଚିତ୍ର,
ହୃଦୟର ବଂଶୀରେ
କାହିଁକି ଗୁଂଜରିତ ହେଉନାହିଁ
ପ୍ରାଣ ପୂରବୀର ମନ୍ତ୍ର !

କେହି ଉତ୍ତର ଦିଅନ୍ତି ନାହିଁ,
କେଜାଣି ତାଙ୍କୁ କଥା କହିବା ମନା,
କେଜାଣି କାହାଲାଗି କରୁଛନ୍ତି
ନୀରବ ପ୍ରାର୍ଥନା।

ଥରେ ଥରେ ମନେହୁଏ
ଭଲ କବିତା ଗୋଟେ ନିରାଭରଣା
ସୁନ୍ଦରୀ ରମଣୀ,
ଦେହ ସଜେଇବାକୁ ଯାଇ
ମୁଁ ତା'ର ଆତ୍ମାକୁ ନଷ୍ଟ କରିଦେଇଛି,
ପବିତ୍ର ମନ୍ଦିର ଗାତ୍ରରୁ ଉଠେଇଆଣି
ବର୍ଣ୍ଣାଢ୍ୟ ବିପଣୀମାଳାରେ ବସେଇଦେଇଛି।
ମୁଁ ହାତ ଯୋଡ଼େ,

କାନ୍ଦେ, କ୍ଷମା ମାଗେ,
ତଥାପି ତରଳେ ନାହିଁ
ସୁନ୍ଦରୀର କଠିନ ହୃଦୟ ।
ବହୁବାର ଆକାଶରେ ଝଡ଼ ଉଠେ,
ବଜ୍ର, ବିଦ୍ୟୁତ୍, ବର୍ଷାରେ
ଦୁଲୁକିଯାଏ ପୃଥିବୀ
ଘଡ଼ିଏ ଦି'ଘଡ଼ିରେ
ପୁଣି ସବୁ ଶାନ୍ତ ପଡ଼ିଯାଏ,
ଫୁଲ ଫୁଟେ, ଝଡ଼େ
ପୁଣି କଢ଼ ଧରେ
କେବେ କେବେ କାଳିଗାଈ ଗଛ ଖାଇଦିଏ ।

ଭଲ କବିତା ଆସିବାକୁ କଷ୍ଟଦେଇ
ଆସେ ନାହିଁ,
ବେଳ ଅବେଳରେ ଶୁଭୁଥାଏ
ଅସ୍ପଷ୍ଟ ନୂପୁର ନିକ୍ୱଣ,
ତା'ର ସ୍ୱାଗତ ଆୟୋଜନରେ
ରଙ୍ଗଶାଳାର ରାତି ଭୋର୍ ହୁଏ,
ମଧ୍ୟାନ୍ତର ବିଶ୍ରାମରେ
ତାରାମାନେ ଲେଉଟି ଯାଆନ୍ତି,
ମୋର ଅନ୍ୟମନସ୍କ ଅପଟୁ ହାତରୁ
ଖସିପଡ଼େ ଗୋଟେ ଦୁର୍ଲଭ ସ୍ଥାପତ୍ୟର
ନଷ୍ଟ ସଂସ୍କରଣ ।

ପ୍ରାସଙ୍ଗିକ

ପରକୁ ଯିଏ ନିଜର କରେ
ସେ ନାରୀ,
ପରକୁ ଯିଏ ନଜର କରେ
ସେ ଦାରୀ ।

ନାରୀ କହୁଥାଏ, ନିଅ
ଯାହା ମୋର ଅଛି,
ନଖଠାରୁ ଶିଖ
ସପନରୁ ସରାଗ
ସମୟରୁ ସଂଚୟ,
ସବୁ ଅର୍ପି ଦେଉଛି ।
ତଥାପି ଯଦି ନିଅଣ୍ଟ ହୁଏ
ମତେ ପୋଡ଼ିଜାଳି ପାଉଁଶ କରି
ତୁମ ଚଲାବାଟରେ ବିଂଚିଦିଅ ।

ଦାରୀ କହୁଥାଏ, ଦିଅ
ମତେ ତୁମର ସର୍ବସ୍ୱ,
ଅର୍ଜନ, ଆୟୁଷ
ସାମର୍ଥ୍ୟ, ପୌରୁଷ
ଐଶ୍ୱର୍ଯ୍ୟ, ଅୟସ ।
ତୁମ ହାଡ଼ ଭିତରର ରସକୁ

ମୁଁ ଯେତେ ଚୋଷୁଥିବି,
ସେତେ ବଢୁଥିବ ମୋ ଶୋଷ।

କବିତା ଯଦି ନାରୀ ହୁଏ
କାମନା ଗୋଟେ ଦାରୀ।
ସେମାନଙ୍କୁ ଚିହ୍ନିବାକୁ
ଈଶ୍ୱରଙ୍କ ଆଖି ବି
ବେଳେବେଳେ ଧୋକା ଖାଇଯାଏ,
ସମସ୍ତ ସତର୍କତା ସତ୍ତ୍ୱେ
ଦୁର୍ଘଟଣା ଘଟିଯାଏ।

ପାପୁଲି

ଉଜାଡ଼ି ଦେବାକୁ ଯେତିକି ତତ୍‌ପର
ସଜାଡ଼ି ଦବାକୁ ସେତିକି ଅଧୀର,
ଚିରକାଳ ପୂର୍ଣ୍ଣ
ପୁଣି ସଦାକାଳେ ଶୂନ୍ୟ ପାପୁଲି
ଗୋଟେ ଅଚିହ୍ନା ଭୂଖଣ୍ଡର ମାନଚିତ୍ର,
କାଂଚନଜଂଘାର ସୁଉଚ୍ଚ ଶିଖରରୁ
ବଙ୍ଗୋପସାଗରର ଅତଳତଳ ଯାଏଁ
ଲମ୍ବିଥିବା ନୀରବଚ୍ଛିନ୍ନ ଯୋଗସୂତ୍ର ।

କେତେକେତେ ଅଙ୍ଗୀକାର
ଓ ପ୍ରତିଶ୍ରୁତିରେ ସମୃଦ୍ଧ
ତାର ଇତିହାସ,
ପଥର ଆଖିର ଝରଣାକୁ
ନିଥର ଓଠର ଆବେଗକୁ
ସମର୍ପିତ ଚେନାଏ ଆକାଶ ।
ଶାଳବନର ଛନ୍ଦାଛନ୍ଦି ଶାଳଗଛ ପରି
ଅସୁମାରି ରେଖାରେ ବିଜ୍ଞାପିତ
ଜନ୍ମ, ମୃତ୍ୟୁ, ପ୍ରେମ ଓ ପାପର ରହସ୍ୟ,
ଯାହାର ସରଳ ସମୀକରଣରେ
ସରିଯାଏ ସମଗ୍ର ଆୟୁଷ ।

ଥରେ ବଢ଼ାଇଛ ପାପୁଲି ତ
ଆଉ ଭୟ କାହାକୁ,
ପ୍ରସ୍ତୁତ ରୁହ,
ରକ୍ତର ମେହେନ୍ଦି
ଅବା ଚନ୍ଦନର ଚିତା ପିନ୍ଧିବାକୁ ।

ରାଧାରୁ ଶ୍ରୀରାଧା

ଛାର ଗୋପ ଗଉଡୁଣୀ ଥିଲି
ବ୍ରାହ୍ମଣ ତନୟା ନୁହେଁ କ୍ଷତ୍ରୀୟ ନନ୍ଦିନୀ
ଚଂପକବରଣା ନୁହେଁ ଭୁବନମୋହିନୀ,
ଚିକ୍‌କଣ ମୁଗୁନି ପଥରର
ଖୋଦେଇକରା ମୂର୍ତ୍ତିଟିଏ,
ଢାଉଲିପା ମାଟିକାନ୍ଥରେ
ହାତଅଙ୍କା ଚିତ୍ରଟିଏ।
ମତେ ଜଣା ନଥିଲା
ଏ ମୂର୍ତ୍ତିର କୋଉ ଭାଙ୍ଗରେ
କ'ଣ ରହସ୍ୟ,
ଏ ଚିତ୍ରର କୋଉ ବଂଧରେ କୋଉ ଦୃଶ୍ୟ !

ଅସହଣି ଶାଶୁ, କଳିହୁଡ଼ି ନଣନ୍ଦ,
ଅପାରଗ ସ୍ୱାମୀକୁ ନେଇ ମୋର ସଂସାର,
ରାତି ପାହିଲେ ଗାଈଗୋରୁ
ଦୁଧଦହିର ଜଂଜାଳ।
ଦୁଧ ଦୁହିଁବାକୁ ହେବ
ଦହି ମୁହିଁବାକୁ ହେବ
ସରରୁ ଲହୁଣି
ପୁଣି ଲହୁଣିରୁ ଘିଅ କାଢ଼ି
ଦୁଆର ଦୁଆର ବୁଲି ବିକିବାକୁ ହେବ।

ଦହିରେ ନବାତ ପରି
କଥାରେ ଫେଣ୍ଟିବାକୁ ହେବ
କିଛି ଚଟୁଳ ପରିହାସ,
ଓଠରେ ଫୁଟେଇବାକୁ ହେବ

ସାମାନ୍ୟ ବଙ୍କା ହସ।
ଆଖିରେ ପିନ୍ଧିବାକୁ ହେବ
ଲାଜମିଶା ଅଭିମାନର କଜଳ,
ତା'ହେଲେ ସିନା ସନ୍ତୁଷ୍ଟ ହେବେ
ମୋର ଗରାଖ ଈଶ୍ୱର!

ଏସବୁ ଭିତରେ
ମୋର ବେଳ କାଇଁ ନିଘା ରଖିବାକୁ,
କିଏ କୋଉଠି ବାଟ ଜଗିଲା
କି ଘାଟ ଜଗିଲା,
ଶୂନ୍‌ଶାନ୍ ଦି'ପହରେ
ଗୋଠ ବାହୁଡ଼ାଣି ମହଳ ଆଲୁଅରେ
ମୁହଁ ଦିଶୁନଥିବା ନିଶା ଅନ୍ଧାରରେ
କୋଉ ବଂଶୀଆଳ
ବଂଶୀରେ କାହାକୁ ଡାକିଲା!

ତଥାପି ଦିନେ ଦିନେ
ନିଛାଟିଆ ବାଟରେ ଯାଉ ଯାଉ
ହଠାତ୍ ପାଦ ରହିଯାଉଥିଲା,
ମଥାର ଦୁଧ ଠେକି ଭାରି ଲାଗୁଥିଲା।
କିଏ କୋଉଠି
କାହାକୁ ଡାକୁଥିଲା କେଜାଣି
ଯମୁନା କୂଳରେ କି କଦମ୍ବ ମୂଳରେ,
ମତେ ଶୁଭୁଥିଲା 'ରାଇ, ରାଇ',
ମୁଁ ନୁହେଁ
ମୋ ଭିତରୁ ଅନ୍ୟ ଜଣେ
ଜବାବ ଦେଉଥିଲା, 'ଏଇ, ଏଇ।'

ଭାବିଥିଲି ଏମିତି ଏମିତି ଦିନେ
ଦିନ ସରିଯିବ,
ସଂସାରର ଆଉ ସବୁ କଥା ପରି
ଏକଥା ବି ସାତତାଳ ପଙ୍କ ତଳେ
ପୋତି ହୋଇଯିବ,
ମୁଁ କୋଉ ରାଣୀ ନା ଠାକୁରାଣୀ ଯେ
ମୋ କଥା ଜଗତ ଜାଣିବ,
ମୋ ନାଁରେ ଗୀତ ବଂଧା ହେବ !

ଗାଁ ସାରା ଚୁପ୍‌ଚାପ୍ ହେଉଥିଲେ
ସବୁ ଗୋପ ଗୋପାଳୁଣୀଙ୍କଠାରୁ
ମୁଁ କୁଆଡ଼େ ଭିନ୍ନ,
ମୋ ଆଖିରେ ଅଲଗା ଚାହାଣି,
ନିଆରା ମୋ ରଙ୍ଗ ଢଙ୍ଗ ଚମକ ଚଳଣି ।
ମୁଁ ଉପରକୁ ଯେତିକି ସରଳ
ବାହାରେ ସେତିକି ଜଟିଳ,
ମୋର ଉଭା ଯେତେ ପୋତା ସେତେ
ମୋ ଭିତରେ ଯେତିକି ଆଲୁଅ
ସେତିକି ଅନ୍ଧାର ।

ଏସବୁ କଥାରେ
ମୋର କିଛି ଯାଏ ଆସେ ନଥିଲା
ହେଲେ ସ୍ୱାମୀଙ୍କର ତୋଫା ମୁହଁ
ନାଲି ପଡୁଥିଲା,
କବାଟ ନଥିବା ଗୋଟେ ମୁକୁଳା ଘର ପରି
ଝଡ଼ ଆସୁଛି ଜାଣିଲା ପରେ ବି
କାହାର କିଛି କରିବାର ନଥିଲା ।

ମନେମନେ ସ୍ଥିର କରିଥିଲି
ସେଇଦିନ ଏସବୁର ଉତ୍ତର ଦେବି
ଯୋଉଦିନ ସବୁ ସଂଶୟ
ଓ ସଂଦେହକୁ ଅତିକ୍ରମ କରି
ଆପଣାର ଭାଗ୍ୟନେଇ
ଏକା ଏକା ଚାଲିଯିବି ।
ଗଲାବେଳେ କହିଯିବି
ଗୋପଦାଣ୍ଡର ପ୍ରତିଟି ଧୂଳିକଣାକୁ
ଯମୁନାର ଗୋଟି ଗୋଟି ଜଳକଣାକୁ
କଦମ୍ବ ଗଛର ଯେତେ ପତ୍ର ସମସ୍ତଙ୍କୁ ।
କହିବି, ମାଟି ଉପରେ ଯେତେ ଘଟଣା ଘଟେ,
ତା'ଠୁ ବେଶି ଘଟେ ଛାତି ଭିତରେ,
ଶବ୍ଦରେ ରକ୍ତରେ
ଯେତେ ସମ୍ବନ୍ଧ ଗଢ଼ାହୁଏ,
ତା'ଠୁ ବେଶି ଯୋଡ଼ାହୁଏ
ଶୂନ୍ୟରେ, ନିଃଶବ୍ଦରେ ।
ଶହ ଶହ ଥର ଦେହଧାରଣ ପରେ
ସତ୍ତାଟିଏ ରହିଯାଏ ଦେହର ବାହାରେ,
ପୁଣି ସହସ୍ର ମରଣର ଭୋଗାଭୋଗ ପରେ
ଆତ୍ମା ଘାଣ୍ଟି ହେଉଥାଏ
ପଙ୍କ କାଦୁଅର ନର୍କରେ ।

କିଛି କହିହେଲା ନାହିଁ ।
କହିବା ଆଗରୁ
ତୁମେ ନିର୍ଦ୍ଧାରିତ କରିଦେଲ
ମୋର ଚଲାବାଟ, ଆଲୁଅ ଅଂଧାର,
ମୋ ଆଗରୁ ଯେତେ ନାରୀ
ଏ ବାଟରେ ଆସି ସାରିଥିଲେ
ପୁଣି ଯେଉଁମାନେ ଆସିବାକୁ ଥିଲେ,

ସେମାନଙ୍କ ଆୟୁଷ ମୋ ଆୟୁଷରେ ମିଶାଇ
କପାଳରେ ଲେଖିଦେଲ
ଅନନ୍ତ ଘଟଣାବିହୀନ କାଳ,
ଆଖିରେ ପିନ୍ଧାଇଦେଲ
ନିର୍ମମ ଉଦାସୀନତାର ନୀଳ କଜଳ।

ମୁଁ ଛାଡ଼ି ଆସିଥିବା ପାଲଟା ଶାଢ଼ିରେ
ଲାଗିଥିଲା ଯେତେ ରକ୍ତଛିଟା
ଆଘାତର ଯେତେ କଳାଦାଗ,
ସବୁକୁ ଧୋଇଧାଇ ପରିଷ୍କାର କରି
ତୁମେ ଶୁଖେଇ ଦେଲ ନିର୍ମଳ ସୂର୍ଯ୍ୟାଲୋକରେ,
ଯେମିତି ଦିନ ଦି'ପହରେ
ମୁଁ ଚଳପ୍ରଚଳ ହୋଇପାରିବି
ବେଶ୍ ନିର୍ବିଘ୍ନରେ ଗାଁ ଦାଣ୍ଡରେ।

ମୁଁ ଜାଣେ
ଏସବୁ ଜମା ବି ସହଜ ନୁହେଁ,
ଏକ ଅନନ୍ୟସାଧାରଣ ବ୍ୟତିକ୍ରମକୁ
ଅତିକ୍ରମ କରିବା
କେଢ଼େ ଦୂରୁହ ବ୍ୟାପାର,
ମୃଣ୍ମୟୀ ରାଧାରୁ ତନ୍ମୟୀ ଶ୍ରୀରାଧା ଯାଏଁ
ଲମ୍ବିଥିବା ଦୀର୍ଘ ରାସ୍ତା
କେତେ କଠିନ ଦୁଷ୍କର।

ବରଂ ଭଲ ହୋଇଥାନ୍ତା
ଯଦି ଆଗରୁ ଚାଲିଯାଇ
ମୁଁ ପୁଣି ଫେରି ଆସିଥାନ୍ତି
ତୁମ ଭିତରକୁ ସବୁରି ଅଲକ୍ଷ୍ୟରେ,
ଫୁଲର ସୁବାସ ପରି

ପିଣ୍ଡର ପବନ ପରି ଆତଯାତ ହୋଇଥାନ୍ତି
ପ୍ରତି ନିଃଶ୍ୱାସରେ ।
ତୁମେ ମତେ ଛାତିରେ ଜାକି ଧରିବା ଆଗରୁ
ତୁମର ପ୍ରତିଟି ଲୋମମୂଳକୁ
ଜଡ଼ାଇ ଧରିଥାନ୍ତା
ମୋର ଏକ ଏକ ଦେହ,
ତୁମକୁ କେନ୍ଦ୍ର କରି ଘୂରୁଥିବା
ଦୃଶ୍ୟ ସଂସାରର ଯାବତୀୟ ଜଂଜାଳରେ
ତୁମେ ବ୍ୟସ୍ତ ଥିବାବେଳେ,
ମୋ ମନଗଢ଼ା ପୃଥିବୀର ଅଦୃଶ୍ୟ ସଂଧିରେ
ମୁଁ ତୁମକୁ ଦେଇଥାନ୍ତି
ନିର୍ଭର ଆଶ୍ରୟ ।

ଯେଉଁସବୁ ସ୍ୱପ୍ନିଳ ସକାଳ
ଓ ଆଶ୍ଚର୍ଯ୍ୟ ଗୋଧୂଳିମାନଙ୍କୁ
ମୁଁ ଠେଲି ଦେଇଥିଲି
ଡହ ଡହ ହତାଶାର ତାତି

ଓ କଳା କିଟ୍ କିଟ୍ ଲାଂଛନାର
ଭ୍ରୂକୁଂଚନ ଭିତରକୁ
ସେମାନେ ପୁଣି ଫେରି ଆସିଥାନ୍ତେ
ବର୍ଣ୍ଣବିଭା ମଣ୍ଡିହୋଇ
ତୁମ ନୀଳକଇଁ ଆଖିର ଅପାଙ୍ଗ
ଓ ବଙ୍କିମ ଅଧରର ବିଜୁଳି ଛଟାକୁ ।

ୟାପରେ ଆଉ କ'ଣ ଲୋଡ଼ା ?
ଆକାଶ, ପୃଥିବୀ, ଯମୁନା, କଦମ୍ବ,
ମେଘ, ମୟୂର, ଛାୟା, ଚନ୍ଦ୍ରିକା,
ସମସ୍ତେ ବାଧ୍ୟ ବଶମ୍ବଦ ହୋଇ

ତୁମ ନିର୍ଦ୍ଦେଶକୁ
ଅପେକ୍ଷା କରି ରହିଥାନ୍ତେ କାଳ କାଳ,
କେବେ ଶିଥିଳ ହେଉନଥିବା
ଆମର ଆଲିଙ୍ଗନ
ଓ ସରୁନଥିବା ଚୁମ୍ବନର ବର୍ଷାରେ
ସମୟ ବି ଆଗକୁ ଯାଇନପାରି
ରହିଥାନ୍ତା ସ୍ଥିର।
ହେଲେ ମୋ କପାଳରେ
ଏତେ ସୁଖ କାହିଁ ?
ତୁମେ ମୋର ଅଲଂଘ୍ୟ ନିୟତି,
ତୁମ ନିର୍ଦ୍ଦେଶରେ
ମୁଁ ଏମିତି ଛିଡ଼ା ହୋଇଥିବି
ଜନ୍ମ ଜନ୍ମ ବ୍ୟାପିଥିବା ଦୁର୍ଭାଗ୍ୟ ମଝିରେ।

ଦିନ ପରେ ଦିନ ଯାଉଥିବ,
ସୂର୍ଯ୍ୟ ଆସୁଥିବ, ଚନ୍ଦ୍ର ଆସୁଥିବ,
ଆସୁଥିବ ଖରା, ବର୍ଷା, ଜରା, ମୃତ୍ୟୁ,
ଘଟଣାମାନ କାଳକ୍ରମେ
ଇତିହାସ ପାଲଟୁଥିବ,
ଅତୁଳନୀୟ ପ୍ରାପ୍ତି
ଓ ଅନତିକ୍ରମଣୀୟ ବିଫଳତାର
ସୀମାନ୍ତ ସେପାରେ
ଅନାହତ ବଂଶୀ ବାଜୁଥିବ,
ତନ୍ମୟୀ ଶ୍ରୀରାଧାର ସୁଖଦୁଃଖ,
ପାପପୁଣ୍ୟ, ଦୋଷ ଅପରାଧ,
ସବୁ ତୁମକୁ
କେବଳ ତୁମକୁ
କାଳକାଳ ଲାଗି ଲାଗିରହିଥିବ।

ପଦଯାତ୍ରା

ଭିଡ଼ରେ ରାହା ପାଉନଥିବା
ଯୋଡ଼େ ଅସ୍ଥିର ଅବସନ୍ନ ପାଦକୁ
ସେଦିନ ଡାକି ଆଣିଲି ମୋ କୁଡ଼ିଆକୁ।
ମୋ କୁଡ଼ିଆରେ
ମୁଁ ଏକାକୀ ଅଧିଶ୍ୱର।

ସେମାନଙ୍କୁ କହିଲି,
ଏଇଠି ରୁହ,
ଖାଇ ପିଇ ବିଶ୍ରାମ ନିଅ।
ଗହଳ ଗଛ ଛାଇରେ ଶୋଇ
ଆକାଶ ଦେଖ, ତାରା ଦେଖ, ଜହ୍ନ ଦେଖ,
ପତ୍ର ସଂଧିରେ ହଳଦୀବସନ୍ତର
କିଚିରିମିଚିରି ଖେଳ ଦେଖ।
ଆଉ ଭିଡ଼ରେ ସାମିଲ୍ ହୁଅନା,
ଶାନ୍ତ ହୁଅ, ସ୍ଥିର ହୁଅ।

ପାଦମାନେ ମୋ କଥା ଶୁଣି
ଆଶ୍ୱସ୍ତ ହେବା ପରି ଦିଶିଲେ,
ବେଶ୍ ନିଶ୍ଚିନ୍ତରେ ନିଦେଇଗଲେ।

ସକାଳୁ ଉଠିଲା ବେଳକୁ

ଶୂନ୍ୟ କୁଡ଼ିଆ
ଉଭା ମୁକୁଳା ଦୁଆର,
ପାଦ କି ପାଦଚିହ୍ନ
ଦର୍ଶନ ନାଇଁ କାହାର।

ଜାଣିଲି ପାଦ କେବେ କାହାର ନୁହେଁ,
କିଏ ତାକୁ ବାନ୍ଧେ, ଛନ୍ଦେ
ପୁଣି ମୁକୁଳାଇ ଦିଏ,
ପଦଯାତ୍ରା ସେମିତି ଅବ୍ୟାହତ ରହେ।

ସ୍ୱୟଂପୂର୍ଣ୍ଣା

ମୋର ବୋଲି କାହାକୁ
କହିହେଲା ନାହିଁ,
ନିଜର ହୋଇ କିଛି ରହିଲା ନାହିଁ।

ଯାହା ଯାହା ମିଳିଥିଲା
ଜନ୍ମସୂତ୍ରରେ, ଦାନସୂତ୍ରରେ,
ଋଣସୂତ୍ରରେ,
ଉଦାର ସମୁଦ୍ର ଗର୍ଭ
ସେସବୁ ଫେରାଇଦେଲା
ଅଲିଖିତ ଚୁକ୍ତିର ସର୍ତ୍ତ ଅନୁସାରେ।

ଆକାଶକୁ ଫେରାଇଦେଲା
ହଳେ ଶଂଖଚିଲ ଡେଣା
ତୋଟା ଗହଳକୁ ହଳଦୀବସନ୍ତ ଡାକ,
ଓଳିପାଣିର ସୁଅକୁ କାଗଜଡଙ୍ଗାର ସ୍ୱପ୍ନ
ସଂଜ ରତରତ ଗାଁ ଦାଣ୍ଡକୁ
ଧୂଳିଘର ଗୀତ।

ନିଛାଟିଆ ନଈତୁଠକୁ ଦେଲା
କଅଁଳ ଗାଧୁଆବେଳର ଗହଳଚହଳ
ତୁଠ ପଥରକୁ ହଳଦୀ ଅଳତାର ଦାଗ,

କାଚକେନ୍ଦୁ ନଈପାଣିକୁ ଅଳକର ଫୁଲ
ପାଣିରେ ପଡ଼ିଥିବା ପାଉଁଜିକୁ
ଇମନ୍ କଲ୍ୟାଣ ରାଗ।

କାନ୍ଥରେ ଝୁଲୁଥିବା ଚିତ୍ରପ୍ରତିମାକୁ ଦେଲା
ଦେହର ଚନ୍ଦନ ରଙ୍ଗ
ନାଭିର କସ୍ତୁରୀ ଗଂଧ
ଘଂଚ କବରୀକୁ
କୃଷ୍ଣାଭିସାର ରାତିର ରୋମାଂଚ,
ପୂର୍ଣ୍ଣିମୀ ଆକାଶ ପରି
ଉଜ୍ଜ୍ୱଳ ସ୍ତନମଣ୍ଡଳକୁ
ନକ୍ଷତ୍ର ପରି କଳାଜାଇ
ଶ୍ୟାମଳ ଭ୍ରୂକୁ ସୂକ୍ଷ୍ମ କାରୁକାର୍ଯ୍ୟ।

ମନ୍ଦିର ଗାତ୍ରକୁ ଫେରାଇଦେଲା
ଚଉଷଠି ବନ୍ଧର ଦୃଶ୍ୟ
ଶାପଗ୍ରସ୍ତା କିନ୍ନରୀକୁ
ସମସ୍ତ ପାର୍ଥିବ ସୁଖର ମୋହ,
ଶାଳଭଂଜିକାର ଅଳସ ବାହୁକୁ
ଆଲିଙ୍ଗନର ଆଲ୍‌ପନା
ପଦ୍ମିନୀର ପଦ୍ମକୋରକ ଓଠକୁ
ଚିତ୍ରିତ ଚୁମ୍ବନର ଦେୟ।

ବିଧିକୁ ଫେରାଇଦେଲା
ଜନ୍ମଜନ୍ମାନ୍ତର ଆଶା,
ତ୍ରିକାଳର ତ୍ରିଭାଷା।
ପ୍ରଜ୍ଜ୍ୱଳିତ ଅଗ୍ନିଶିଖାକୁ
ବିଶ୍ୱାସର ବୀଜମନ୍ତ୍ର,
ଯାଚନାର ଯଜ୍ଞସୂତ୍ର।

ସର୍ବଶେଷରେ
ମାଟିକୁ ଫେରାଇଦେଲା
ମାଟିଦେହର ଅହଂକାର
ଓ ଦ୍ୱିପାଦ ଭୂମିର ଅଧିକାର।
ସବୁ ଫେରାଇଦେବା ପରେ
ଆକାଶ ଦିଶିଲା
ଆହୁରି ବିଶ୍ୱସ୍ତ ଗମ୍ଭୀର,
ପୃଥିବୀ ମନେହେଲା
ଆହୁରି ପ୍ରଶସ୍ତ ଉଦାର।

ନିଖାଦ ମନ
ଓ ନିକାଂଚନ ଦେହର ଅର୍ଗଳ ଡେଇଁ
ବାହାରିଆସିଲା ଯେଉଁ ସ୍ୱର
ଛାଇଗଲା ଗଗନ ପବନ
କକ୍ଷ ଅନ୍ତରୀକ୍ଷ,
ଯେମିତି ରିକ୍ତତାର ହୁତାଶନରେ
ପୂର୍ଣ୍ଣତାର ମୌନ ମଗ୍ନ ମହ୍ଲାର,
ପ୍ରଳୟ ପ୍ରୟୋଧି ଜଳରେ
ଭାସମାନ ବଟପତ୍ର।

ଜୀବାଶ୍ମ

କେତେ ହଜାର ବର୍ଷ ପୂର୍ବେ
ଦିନେ ଆମେ ଏଇଠି ଥିଲେ,
ଠିକ୍ ଏଇ ଜାଗାରେ,
ଅଭୟାରଣ୍ୟର ଚଂଚଳ ହରିଣୀ ଯେମିତି
ଘୂରି ବୁଲୁଥାଏ ଅରଣ୍ୟ ଗୋଟାକ,
ଠିକ୍ ସେମିତି ଘୂରି ବୁଲୁଥିଲେ ।

ଚାଲିଚାଲି ଆସି
ଛିଡ଼ା ହେଉଥିଲେ ନଈ ଧାରରେ,
ପାଣିରେ ପଡ଼ିଥିବା ଛାଇକୁ
ପବନ କେବେ ଅଲଗା କରୁଥିଲା,
କେବେ ଏକାଠି ।
ଆମ ତଟସ୍ଥ ତନ୍ମୟତା ଭିତରକୁ
ପଶି ଆସୁଥିଲା ଅଦିନ ବର୍ଷା,
ଓଦା କରୁଥିଲା ମୋ ଶାଢ଼ି,
ବେଣୀ ଓ ନାକଫୁଲ,
ତୁମ କମିଜ୍,
ଛାତି ପକେଟ୍‌ରେ ଗୁନ୍ଥା ଅକ୍ଷର ।
ଦୂରରୁ ଶୁଭୁଥିଲା
ଟ୍ରେନ୍ ଆସିବାର ଶବ୍ଦ,
ଝରକା ଫାଙ୍କରୁ ଝାପ୍‌ସା ଦିଶୁଥିଲା
ଗୋଟେ ପ୍ରସାରିତ ହାତ ।

ଆମେ ଚାଲୁଥିଲେ
ଯେତେ ଦୂର ଯାଏଁ ଆଖି ପାଉଥିଲା,
ଜଣାପଡୁନଥିଲା କେତେବେଳେ
ଜଳିଯାଉଥିଲା ପାଦତଳର ଘାସ,
ବଦଳିଯାଉଥିଲା ଧଳାମେଘର ଆକାଶ,
ଧୂଳିଝଡ଼ରେ ରୁନ୍ଧି ହେଉଥିଲା
ନିଃଶ୍ୱାସପ୍ରଶ୍ୱାସ,
ତଥାପି ଚାଲିବାର ନଥିଲା ଶେଷ ।

କେତେ ହଜାର ବର୍ଷ ପରେ
ଏବେ ତରୁଣ ନୃତତ୍ତ୍ୱବିତ୍ ଜଣେ
ମାଟିର କବର ତଳୁ
ଆମକୁ ଆବିଷ୍କାର କଲା ।
ତା'ର ଗବେଷଣାଲବ୍ଧ ତତ୍ତ୍ୱ
ଓ ତଥ୍ୟକୁ ସଂବଳ କରି
ଆମକୁ ଦେଲା ପରିଚିତି,
ନିର୍ଣ୍ଣୟ କଲା
ଦେହର ଦୈର୍ଘ୍ୟ ପ୍ରସ୍ଥ,
କପାଳର ଗଢ଼ଣ, ଆଖିର ରଂଗ,
ଚିବୁକର ଆକୃତି
ଓ ଆମର ପ୍ରଜାତି ।
ନିର୍ଦ୍ଧାରିତ ହେଲା
ଆମ ଭୂଗୋଳ, ଇତିହାସ,
ସାଦୃଶ୍ୟ, ବିରୋଧାଭାସ,
ଚର୍ଯ୍ୟା, ଚଳଣିର ଅଂଶବିଶେଷ ।

ଏକ ନୃତାତ୍ତ୍ୱିକ ଉପପାଦ୍ୟର
ପ୍ରମାଣିତ ସିଦ୍ଧାନ୍ତ ଅନୁସାରେ
ହଜାର ହଜାର ବର୍ଷ ପୂର୍ବେ

ଆମେ ଯୋଉଠି ଯେମିତି ଥିଲେ,
ଏବେ ବି ସେଇଠି ସେମିତି।
ତଫାତ୍ ଏତିକି
ସେଦିନ ସେ ଦୁଇଟି ଦେହର
ସନ୍ଧି ବିସନ୍ଧିରେ ଘୂରି ବୁଲୁଥିବା
ସୋରାଏ ପାଗଳ ପବନ,
ଆଜି ଅସ୍ଥି ଗାତ୍ରର
ଶ୍ୟାମଳ ବଂଶୀସ୍ୱନ।
ସେଦିନ ସେ ଚାରୋଟି ଆଖିରେ
ଚମକୁଥିବା ବିରଳ ଦୃଷ୍ଟି,
ଆଜି ଦରଦିଶା ଦିଗନ୍ତରେ
ପାଖାପାଖି ରହିଥିବା
ଦୁଇଟି ନକ୍ଷତ୍ରର ଅମଳିନ ଦ୍ୟୁତି।

କବିତା ସୁଖ

କବିକୁ ପଚାରନା,
ସେ କେମିତି ଅଛି,
ସୁଖରେ ନା ଦୁଃଖରେ !
ଭାସମାନ ପଦ୍ମପତ୍ର ପରି
ତା'ର ବିଲୋଳ ଦୃଷ୍ଟି କହୁଥାଏ,
ସେ ଅହର୍ନିଶ ସୁଖରେ ହିଁ ଥାଏ।

ଏଇ ଅସାର ସଂସାରରେ
କବି ଏମିତି ସୁଖରେ ଥାଏ
ଯେମିତି ପକ୍ଷୀ ସୁଖରେ ଥାଏ
ସ୍ନେହର ଶିକୁଳିରେ
ଫୁଲ ସୁଖରେ ଥାଏ ଦେବୀଙ୍କ ମସ୍ତକରେ
ଦେବୀ ସୁଖରେ ଥାଆନ୍ତି ରତ୍ନ ସିଂହାସନରେ,
ସିଂହାସନ ସୁଖରେ ଥାଏ
ନିଷ୍କଣ୍ଟକ ସାମ୍ରାଜ୍ୟରେ।
ଯେମିତି ଦେହ ସୁଖରେ ଥାଏ
ଅକ୍ଷତ ଅନାଘ୍ରାତ ସୌନ୍ଦର୍ଯ୍ୟରେ
ମନ ସୁଖରେ ଥାଏ ଅମାପ ଐଶ୍ୱର୍ଯ୍ୟରେ
ଗୃହସ୍ଥ ସୁଖରେ ଥାଏ
ନିରପଦ୍ରୁତ ଜଂଜାଳରେ,
ସନ୍ନ୍ୟାସୀ ସୁଖରେ ଥାଏ
ମାୟାବୀ କାମନାର କୋଳାହଳରେ।

କବି ଏମିତି ସୁଖରେ ଥାଏ
ଯେମିତି ମାଟି ସୁଖରେ ଥାଏ ବିନା କର୍ଷଣରେ
ଜରାୟୁ ସୁଖରେ ଥାଏ ବିନା ଧାରଣରେ

ବିଶ୍ୱାସ ସୁଖରେ ଥାଏ ବିନା ଆଘାତରେ,
ଅସ୍ତ୍ର ସୁଖରେ ଥାଏ ବିନା ସଂଘାତରେ।
ଯେମିତି ପ୍ରେମ ସୁଖରେ ଥାଏ
ସଂଦେହର ଶରଶଯ୍ୟାରେ
କାମନା ସୁଖରେ ଥାଏ
ଅବଗୁଣ୍ଠିତାର ପାଟଳ ଲଜ୍ଜାରେ
ଚୁମ୍ବନ ସୁଖରେ ଥାଏ ମୁଦ୍ରିତ ଅଧରରେ,
ଆଲିଙ୍ଗନ ସୁଖରେ ଥାଏ
ଅସମର୍ଥ ଶରୀରରେ।

କକ୍ଷ କକ୍ଷ ଧରି କକ୍ଷଲୋକର
ଏକାନ୍ତବାସରେ ଥିବା କବି
ସାରାକାଳ ଉର୍ଦ୍ଧ୍ୱକୁ ଚାହିଁ ରହିଥାଏ।
ଆକାଶରେ ଭାସୁଥାନ୍ତି
ଖଣ୍ଡ ଖଣ୍ଡ ସୁଖର ବାଦଲ,
ନାଲି, ନେଳି, ହରିତ ଓ ଧୂସର ରଂଗର।
ସେମାନଙ୍କୁ ନେଇ
କବିର ଲୀଳାଖେଳା, ବାଟଚଲା,
ସ୍ୱପ୍ନ ଦେଖା, ଶବ୍ଦ ଖୋଜା।
କିଏ ଛାୟାସଂଗିନୀ ତ
କିଏ ମାୟାସଂଗିନୀ
ପୁଣି କିଏ କାୟାସଂଗିନୀ।

କେତେବେଳେ
କୋଉ ସୁଖ ସହ କବି
ଘର ବାଂଧେ, ସଂସାର ବସାଏ,
ତେଲ ହଳଦୀ ବାସ୍ନା ଚହଟେ ଚଉଦିଗ,
କାହାକୁ ଶଯ୍ୟାସଂଗିନୀ କରି ରାତି ବିତାଏ
ସ୍ୱପ୍ନସଂଗିନୀ କରି ନିଦ ହଜାଏ

ଆଖିତଳେ, ଚିବୁକରେ ଧରି ରଖିଥାଏ
ଅଲିଭା କଳାଦାଗ।

ଆଉ କିଏ ଆସେ
ଯାତ୍ରାସଂଗିନୀ ହୋଇ
ନରମ ନିଶବ୍ଦ ବେଳାରେ,
ଭ୍ରମର ଅନ୍ଧାର କଟି ସାରିଥାଏ
ପ୍ରେମର ଜହ୍ନ ଉଠି ଆସୁଥାଏ
ହାତରେ ହାତ ଛନ୍ଦି
ପାଦରେ ପାଦ ମିଳାଇ
ଯାତ୍ରା ଆରମ୍ଭ କରେ।
ସାତ ପାଦ ଯାତ୍ରା ପରେ
ପାଦ ଥକିଯାଏ,
ରାସ୍ତା ବାକି ରହେ।

ନିଶୂନ୍ ଗୋହିରୀ ମଝିରେ
ଏକଲା ବରଗଛ କବି
ତା'ର ଡାଳରେ ନାହିଁ ପକ୍ଷୀବସା
ମୂଳରେ ନାହିଁ ଛାଇର ଆଶା
ପବନକୁ ମୁହଁକରି ଛିଡ଼ା ହୋଇଥାଏ
ଶୂନ୍ୟ ଭରସାରେ,
ଦୃଷ୍ଟିରେ ଦୀପାଳି ଜାଳି
ଧୀରେ ଆସେ ଆତ୍ମାର ସଂଗିନୀ
କାଶ ହାସମୟୀ ପୁଣ୍ୟା ସ୍ରୋତସ୍ୱିନୀ
ଯାଚିଦିଏ ପରିପୂର୍ଣ୍ଣ ସୁଖ
ଫୁଲ ଫଳ ଛାଇ ଭରା ଶ୍ୟାମଳ ଭୂସ୍ୱର୍ଗ
ନିଜ ପାଇଁ ମାଗିନିଏ
ସାରା ସଂସାରର ଦୁଃଖ
ଶୂନ୍ୟ ଆଂଜୁଳାରେ।

ଦ୍ୱିପର୍ଣ୍ଣା

କବି ହେବାର କଷ୍ଟଠାରୁ ବଳି କଷ୍ଟ
ଆଉ କିଛି ନାହିଁ।
ଦେଖି ହେଉନଥିବା ଦୃଶ୍ୟ
ସହି ହେଉନଥିବା ସ୍ପର୍ଶ,
ଚାପି ପାରୁନଥିବା ଦୀର୍ଘଶ୍ୱାସ
ପ୍ରତି ମୋଡ଼ରେ
ବାଟ ଜଗିଥିବା ବିରୋଧାଭାସର ଦାୟରେ
ପାଦ ଚିରକାଳ ଟଳମଳ,
ଅଥଚ ଦୃଷ୍ଟିର ଦିଗନ୍ତରେ
ଉଦ୍‌ଭାସିତ ସମୁଜ୍ଜ୍ୱଳ ସକାଳ।

ନାରୀ ହେବାର ଦୁଃଖଠାରୁ ବଳି ଦୁଃଖ
ଆଉ କିଛି ନାହିଁ।
ହାତ ପାଉନଥିବା ଡାଳ
ମାଟିରେ ଲାଗିନଥିବା ମୂଳ
ଭାଜ୍ୟରୁ ବଳେଇ ପଡ଼ିଥିବା ଭାଗଫଳ
ଏବଂ ପରକାଳ ଆଶାରେ
ଉଜୁଡ଼ି ଯାଇଥିବା ଇହକାଳର
ବଂଧନୀ ମଧ୍ୟରେ
ଗୋଟେ ସ୍ଥିର ଚିତ୍ର,
ସଙ୍ଖ୍ୟାହୀନ, ଅଦ୍‌ଭୁତ ବିଚିତ୍ର।

ନାରୀ ଯଦି କବି ହୁଏ
କବି ଯଦି ନାରୀ ହୁଏ
ପ୍ରଥମେ ଏ କଷ୍ଟ ବହୁଗୁଣିତ ହୁଏ
ଏବଂ ପରିଶେଷରେ
ବିଷରେ ବିଷହରଣ ହେବା ପରି
କଣ୍ଟାରେ କଣ୍ଟାକୁ କାଢ଼ିବା ପରି
ସେ ସବୁ କଷ୍ଟର ଊର୍ଦ୍ଧ୍ୱକୁ ଉଠି
ମହାଶୂନ୍ୟରେ ଭାସିବୁଲେ ମହାସୁଖରେ
ହାଲ୍‌କା ମେଘଖଣ୍ଡ ପରି
ନରମ ଭିଣାତୁଳା ପରି ।
ତା'ଠାରୁ ଆକାଶ ଯେତିକି ଦୂର
ପୃଥିବୀ ସେତିକି ।

ତୁମେ ତା'ର ଛାତିରେ ଉତ୍‌କୀର୍ଣ୍ଣ
ଶିଳାଲେଖକୁ ପଢ଼ି ଦେଖ,
ଇତିହାସଠାରୁ ଆହୁରି ପ୍ରାଚୀନ
ଆହୁରି ବିଶ୍ୱସ୍ତ ଓ ସତ୍ୟନିଷ୍ଠ
ଯେଉଁଥିରେ ରହିଛି
ଏଯାବତ୍ ପୃଥିବୀରେ ଘଟିଥିବା
ସମସ୍ତ ଯୁଦ୍ଧ, ରକ୍ତପାତ,
ସଂଧି ଓ ସାଲିସ୍‌ର ଗଳ୍ପ ।

ଦିନ ପରେ ଦିନ
ଏଇ ଗଳ୍ପ ସେ ଶୁଣାଏ
ତା'ର ଅବୋଧ ଶିଶୁ ସନ୍ତାନକୁ,
ସେମାନଙ୍କ ନିଦୁଆଳି ଆଖିପତା ତଳେ
ଜମିଥିବା ଭୟ, ଶଂକା ଓ ପୀଡ଼ାର
ନିର୍ବିବାଦ ସହନଶୀଳତାକୁ ।

ତୁମେ ଯାହାକୁ ଲୁହ କହୁଛ
ସେ ତା'ର
ଜନ୍ମ ଜନ୍ମ ତପସ୍ୟାର ଫଳଶ୍ରୁତି
ପ୍ରାର୍ଥନାର ପ୍ରତିରୂପ,
ଅବର୍ଣ୍ଣନୀୟ ଦୁଃଖର ଜଟାଜାଲ ଭାଙ୍ଗି
ଅବତରି ଆସିଥିବା
ମୁକ୍ତଧାରା ମଂଦାକିନୀ,
ତ୍ରିଭୁବନ ତୃଷାହାରିଣୀ ସୁରଧୁନୀ।

ଶବ୍ଦକୁ ନୀରବତା
ନୀରବତାକୁ ଶବ୍ଦରୂପ ଦେବାରେ
ଅଦ୍ୱିତୀୟା ସିଦ୍ଧହସ୍ତା,
ସେ ଶରତରେ ଶାକମ୍ଭରୀ
ନିଦାଘରେ ଦିଗମ୍ବରୀ
ସମାଧି ଓ ଶୃଙ୍ଗାରରେ ନିତ୍ୟ ସହଚରୀ
ବିବିକ୍ତ ବସୁଧା।

ଅନ୍ୟକୁ କୃତାର୍ଥ କରି
ନିଜେ ସାର୍ଥକ ହେବାର ସୁଖ
ଏ ବିଶ୍ୱ ସଂସାରରେ
ଦେବ, ଦାନବ, ମାନବ,
ଯକ୍ଷ, କିନ୍ନର, ଗଂଧର୍ବ
କାହାରି ଭାଗ୍ୟରେ ନଥାଏ,
ଥାଏ କେବଳ କବିର ଭାଗ୍ୟରେ
ଯଦି ସେ କବି ନାରୀ ହୋଇଥାଏ।

ବ୍ୟାଧଜନ୍ମ

ଆସିବାବେଳେ ବାଟରେ
ବିଂଚିଦେଇ ଆସିଥିଲି
ମୁଠାଏ ସୋରିଷ,
ଭାବିଥିଲି ଫେରିବାବେଳକୁ
ହଳଦିରଂଗରେ ସ୍ୱର୍ଣ୍ଣାଭ ଦିଶୁଥିବ
ରାସ୍ତାଘାଟ, ପୃଥିବୀ, ଆକାଶ।

ଛାଡ଼ି ଆସିଥିଲି
ଖଣ୍ଡେ ଅଶ୍ରୁ ସଜଳ ମେଘ
ପ୍ରାଣର ଆବେଗ
ହୃଦୟର ସ୍ପନ୍ଦନ,
ଭାବିଥିଲି ଫେରିବାବେଳକୁ
ଆର୍ଦ୍ର କୋମଳତାରେ
ବତୁରିଯାଇଥିବ ଟାଣପଣ,
ଅଭାବର ମାଟିରେ
ଫଳିଥିବ ଭାବର ଫସଲ
ନିତ୍ୟରାସରେ ରସାଣିତ ହେଉଥିବ
ମନ ବୃନ୍ଦାବନ।

ସ୍ପର୍ଦ୍ଧାର ଶିଖରରେ ସ୍ଥାପିଥିଲି
ବିଶ୍ୱାସର ସ୍ତମ୍ଭ,

ଆଶା ଥିଲା ଫେରିବାବେଳକୁ
ଲୋହିତ ଦିଗନ୍ତରେ ଉଡୁଥିବ
ବିଜୟର ବୈଜୟନ୍ତୀ,
ରାତିର ଅନ୍ଧାର କଟି
ହୋଇସାରିଥିବ ଏକ
ନୂଆ ସକାଳର ଶୁଭାରମ୍ଭ।
ରଖି ଆସିଥିଲି
ତାରକାପୁଂଜ ପରି ଶବ୍ଦପୁଂଜ,
ସ୍ଥିର ନକ୍ଷତ୍ରାଲୋକ ପରି
ଅମଳିନ ଆତ୍ମାର ଆଲୋକ,
ବାରବର୍ଷର ବାଳୁତ ହାତରେ
ସମର୍ପି ଦେଇ ଆସିଥିଲି
ମୋର ଉତ୍ତରାଧିକାର,
ଅପାର୍ଥିବ କଳା କୌଶଳ,
ନିହଣ ମୁଗୁର,
ଭାବିଥିଲି ଫେରିବାବେଳକୁ
ଶବ୍ଦର ଉତ୍ତରିତ ମନ୍ତ୍ରରୂପରେ
ଜୀବନ୍ୟାସ ପାଇ ସାରିଥିବେ
ପଥପ୍ରାନ୍ତର ଯେତେ ଦୁଃଖିନୀ ଅହଲ୍ୟା,
ଗଢ଼ା ସରିଥିବ
କାଳଜୟୀ କବିତା କୋଣାର୍କ।

ଆସିବାବେଳେ ଦେଇ ଆସିଥିଲି
ଦୀର୍ଘ ପ୍ରଗାଢ଼ ଆଲିଙ୍ଗନ
ସହସ୍ର ନିବିଡ଼ ଚୁମ୍ବନ
ପ୍ରେମର ନମ୍ର କମ୍ପ
ନିଃଶବ୍ଦ ଉଚ୍ଚାରଣ,
ଭାବିଥିଲି ଫେରିବାବେଳକୁ
ଜତୁଗୃହ ହୋଇଥିବ ଚନ୍ଦନବନ

ଯେଉଁଠାରୁ ଭାସି ଆସୁଥିବ
ଶହ ଶହ ନୀଳକଣ୍ଠ ପକ୍ଷୀଙ୍କର
ସମୂହଗାନ ।

ସେଇ ପକ୍ଷୀମାୟାରେ
ବିଭୋର ହୋଇ ରହିବ
ମୋର ଏଇ ବ୍ୟାଧଜନ୍ମ ।

ଡାକ (୧)

କେବେ ତୁମେ କହିଲ, ଆସ
ଆଉ ଛିଡ଼ା ହେବା ନାଇଁ
ଏବେ ଟିକେ ରାସ୍ତାରେ ଚାଲିବା।
କେବେ ମୁଁ କହିଲି, ଚାଲ
ଆଉ ଝରକା ଫାଙ୍କରୁ ନୁହେଁ,
ବାହାରୁ ଆକାଶ ଦେଖିବା।

ତୁମେ ତୁମ ଘରେ
ମୁଁ ବି ମୋ ଘରେ,
ଏତେସବୁ କଥା
ହୁଏତ ପବନ ହିଁ କହୁଥିଲା।

ମୋର ଦରଜା ନଥିବା ଘର
ସାରା ଚଟାଣରେ ବିଂଚି ହୋଇଥାଏ
ଅସିହା ଅମଳର ଆଲିମାଲିକା,
କାଚ, କାଇଁଚ, କସ୍ତୁରୀ,
ଶଂଖ, ଶିପ, ଶାମୁକା।
ସେସବୁ ସାଉଁଟୁ ସାଉଁଟୁ
ବେଳ ବୁଡ଼ିଯାଏ
ଆଜି ହୋଇଯାଏ କାଲି,
ଆଙ୍ଗୁଠି ଟିପରେ ରକ୍ତ ଜମିଯାଏ
ପାପୁଲିରେ ପ୍ରସ୍ତ ପ୍ରସ୍ତ ଧୂଳି।

ତୁମର ଗହଳ ଚହଳରେ
ଫାଟି ପଡୁଥିବା ଘର
ସଜ୍ଜିତ ସୁବିନ୍ୟସ୍ତ
ଧୂଳିମଳିହୀନ ସଂସାର,
ଗୋଟିଏ ବି ଶୁଖିଲା ପତ୍ର ନଥିବା ବଗିଚା
ବଗିଚାରେ ବାରମାସ
ସୁନାରି ଫୁଲର ଶଯ୍ୟା ।

କେବେ ତୁମେ କହିଲ,
ଆଉ ଭଲ ଲାଗୁନାଇଁ
ବାଡ଼ବନ୍ଦୀକରା ଏଇ
ପରିମିତ କୁଣ୍ଠିତ ସୌନ୍ଦର୍ଯ୍ୟ,
ମତେ ବହୁଦିନୁ ଶୁଭିଲାଣି
ଦୂରବର୍ତ୍ତୀ ଜଙ୍ଗଲରୁ
ଗୋଟେ ବାଆଁର ପକ୍ଷୀର ଡାକ ।

କେବେ ମୁଁ କହିଲି,
ଏ ଡାକକୁ ଭରସା କଣ,
ଏ ଡାକର ଆୟୁଷ ତ
ଆଙ୍ଗୁଠି ଅଗରେ ଗଣା
ମାତ୍ର କେତୋଟି ବର୍ଷ !
ତୁମେ କହିଲ,
ଏ ଡାକ ପଛରେ ଅଛି
ହଜାର ହଜାର ବର୍ଷର ଇତିହାସ ।

ଏ ଡାକ ସେଦିନ ବି ଥିଲା
ମହେଂଜୋଦାରୋର ମାଟିତଳେ
ଶ୍ରାବସ୍ତୀର ଶାଳବନରେ
ପାଟିଳିପୁତ୍ରର ପାଟଳ ଆକାଶରେ

ଅବନ୍ତୀକାର ଅନ୍ତଃପୁରରେ।
ଏ ଡାକ ଏବେ ବି ରହିଛି
କଳାହାଣ୍ଡିରେ, କୋରାପୁଟରେ, କଟକରେ,
କୁଆଁରୀ କାଠଯୋଡ଼ିର କରୁଣ ଆଖିରେ,
ଏ ଡାକ ଶୁଣିବା ପରେ
କେହି କ'ଣ ସ୍ଥିର ରହିପାରେ

ଏ ଡାକ ପଂଜୁରୀକୁ ଦିଏ
ଆକାଶର ଇସାରା
ଅରଣ୍ୟ ପାଦରେ ପିନ୍ଧାଏ ଶୃଙ୍ଖଳର ସିଂଜିନୀ,
ଚଲାମେଘକୁ ଦିଏ
ଘର ଅଗଣାର ଠିକଣା
ସର୍ବହରାକୁ ସମ୍ରାଟର ଅଭିଜାତ ଠାଣି।

ଆସ, ଆଜି
ମୁହୂର୍ତ୍ତକ ଲାଗି ହେଉ ପଛେ
ଆମେ ବଂଶୀ ହୋଇଯିବା
ଝଙ୍କୃତ ହେଉଥିବା
ଏ ଡାକର ଶୁଦ୍ଧ ଆଳାପରେ,
କାଲି ଯଦି କେହି ଆସି
ତୁମକୁ ଓ ମତେ ଖୋଜିଯାଏ,
ହୁଏତ ଦେଖିବ
ଦୁଇଧାଡ଼ି ଲୁହର କବିତା ଲେଖାଅଛି
ଶିଉଳିରେ ଆଚ୍ଛାଦିତ ଶିଳା ସମାଧିରେ।

ଅରଣ୍ୟର ବର୍ଷାରାତି

ଶୁଣିଥିଲି ଅରଣ୍ୟର ବର୍ଷାରାତି
ଭାରି ଚମତ୍କାର
ଏକଦମ ନିବିଡ଼ ନିଘଂଚ
ମେଘ ସେଠି ମାୟାବିନୀ
ରାତି ବି କୁହୁକିନୀ
ସ୍ନାୟୁରେ ସ୍ନାୟୁରେ ତା'ର
ରହସ୍ୟ ରୋମାଂଚ ।

ଥାକ ଥାକ ଭସାମେଘ
ଢେଉ ଢେଉ ପାହାଡ଼ର
କନ୍ଦି ବିକନ୍ଦିରେ ଝୁଲି ରହିଥାଏ
ଯେମିତି ଟିପ ଛୁଇଁଦେଲେ
ନଈ ହୋଇ ବହିଯିବ,
ଆଦିବାସୀ ଝିଅ ପରି
ପାଦରେ ମଅଳ ପିନ୍ଧି
ଅରଣ୍ୟ ଗୋଟାକ ଛମଛମ ନାଚିଯିବ ।

ଜାଣିଥିଲି ମହୁଫେଣା ବସାଘରେ
ଘନଘୋର ବର୍ଷାରାତି
ଅଭାବିତ ଅଲୋଡ଼ା ଅତିଥି,
ତା'ର ପ୍ରବେଶରେ ଅନାଗ୍ରହ

ପ୍ରସ୍ଥାନରେ ବୀତସ୍ପୃହ
ଛାଡ଼ିଯାଏ କଣ୍ଟକିତ ସ୍ମୃତି।

କେମିତି କେଜାଣି ଦିନେ
ଅରଣ୍ୟର ବର୍ଷାରାତି
ହଠାତ ଆସିଲା ପଶି
ମହୁଫେଣା କୋଠରୀକୁ
କାରଣ ଓ ବାରଣର
ସବୁ ବାଧା ଡେଇଁ,
ଚାରିଦିଗ ଚହଲାଇ ସାରାରାତି ଢାଳିଗଲା
କଳସୀ ମୁହଁରେ ମେଘ
ନିଃଶ୍ୱାସରେ ବତାସ ବୁହାଇ।

ଆଗରୁ ଅନେକ ଥର
ବର୍ଷାକୁ ଭେଟିଛି ମୁଁ
ବାଟରେ ଘାଟରେ
ଭିନ୍ନ ଭିନ୍ନ ସମୟରେ
ଗାଁ ପୁଣି ସହରରେ,
ଦେଖିଛି ତା' କୁଣ୍ଠିତ କବରୀର
ମୁକୁଳା ମାଜଣା,
ହେଲେ ଆଜିର ଏ ରୂପ ଶୋଭା
ନିହାତି ନିଆରା
ଗୋଟି ଗୋଟି ଫିଟୁଥିବା ଫୁଲର ପାଖୁଡ଼ା
ପ୍ରସ୍ତ ପ୍ରସ୍ତ ଅଳିନ୍ଦ ଓ ସୋପାନର
ଢେଉ କାଟି ବହୁଥିବା
ଅଭିସାର ଅଭିମୁଖୀ ପାହାଡ଼ି ଝରଣା।

ଏ ବର୍ଷା ସେ ବର୍ଷା ନୁହେଁ,
ସେ ବର୍ଷା ତ

ଖାଲି ଟିକେ ଓଦାକରି
ଛାଡ଼ି ଚାଲିଯାଏ
ରାତିକର ନିଦଭଂଗା ଅନୁଭୂତି ଦେଇ,
ଏ ବର୍ଷାରେ ଭିଜିଯାଏ
ଭିତର ବାହାର
ଛନ୍ଦ ବନ୍ଧ କବନ୍ଧର ଚିତ୍ରିତ ଚତ୍ୱର,
ନିଜକୁ ନିଗାଡ଼ିଦିଏ
ଜନ୍ମ ଜନ୍ମ ବ୍ୟାପିଥିବା
ଦୁର୍ଭିକ୍ଷର ହାହାକାର ଛାତିରେ ଲୁଚାଇ।

ବର୍ଷାରାତି ବଦଳାଇଦିଏ
ମହୁଫେଣାର ମାନଚିତ୍ର
ପାପପୁଣ୍ୟର ପରିଭାଷା
ଧରାବନ୍ଧା ଧାରଣାର ସୀମା ସରହଦ,
ଅରଣ୍ୟର ବର୍ଷାରାତି
ଯିଏ ଥରେ ଭୋଗିଥାଏ
ତା' ଲାଗି ବର୍ଷା ହିଁ ପାଲଟିଯାଏ
ପୃଥିବୀର ପ୍ରିୟତମ ଶବ୍ଦ।

ଅଲୌକିକ

ଆମ ଭେଟାଭେଟିର ସମୟ
ଏତେ ସଂକ୍ଷିପ୍ତ ଯେ
ଆଙ୍ଗୁଠି ଅଗରେ ଗଣି ହୋଇଯାଏ ।

ତଥାପି କେବେ କେବେ
ଆମର ଦେଖା ହୋଇଯାଏ
ବିନା ସୂଚନାରେ,
ଜଙ୍ଗଲ ମଝିରେ
ଝରଣା କୂଳରେ
ପାହାଡ଼ ଚୂଡ଼ାରେ
ଦେଉଳ ବେଢ଼ାରେ ।
କେବେ ଚଣ୍ଡୀଖୋଲରେ
କେବେ ଚାନ୍ଦିପୁରରେ
କେବେ ଶିମିଳିପାଳରେ
କେବେ ସୁନ୍ଦରବନରେ ।

କେଜାଣି କେତେ ଜନ୍ମର ଆକୁତିରେ
ଏତେ ସାଂଦ୍ର ନିବିଡ଼ ହୁଏ ଦୃଷ୍ଟି
ଗଭୀର ମର୍ମଭେଦୀ ହୁଏ ସ୍ୱର
ଦ୍ରୁତ ପ୍ରଖର ହୁଏ ଶ୍ୱାସ
ପୁଣି ସୂକ୍ଷ୍ମ କୋମଳ ହୁଏ ସ୍ପର୍ଶ !

ଅଭାବିତ ସେଇ ଦେଖାରେ
ଯୁଗ ଯୁଗାନ୍ତରୁ ଶୋଇ ରହିଥିବା
ଅହଲ୍ୟା ରାତିର ନିଦ୍ରାଭଙ୍ଗ ହୁଏ,
ମଧୁଚନ୍ଦ୍ରିକାରେ ଝଳିଉଠେ
ଆକାଶ, ପୃଥିବୀ, ପଥ, ପ୍ରାନ୍ତର
ଅରଣ୍ୟ ଗର୍ଭର ନିଭୃତ ବାସର।

ସ୍ଥିର ରହିଯାଏ
ଗ୍ରହ ନକ୍ଷତ୍ରର ଚଳନ
ପୃଥିବୀର ଘୂର୍ଣ୍ଣନ
ମାଧ୍ୟାକର୍ଷଣର କମ୍ପନ,
ସମସ୍ତ ଜାଗତିକ ଜଂଜାଳର ଊର୍ଦ୍ଧ୍ୱରେ
ମାୟା ରଚନା କରେ
ଏକ ସୁନୀଳ ସମ୍ମୋହନ।

ସେଇ ମୁହୂର୍ତ୍ତରେ
କିଛି କହିବାର ନଥାଏ,
ଶୁଣିବାର ବି।
କେବଳ ମୁଦ୍ରିତ ପଲକରେ
ପ୍ରତିଫଳିତ ହେଉଥାଏ
ଇଚ୍ଛାମୃତ୍ୟୁର ଏକାନ୍ତ ଅଭିଳାଷ,
ତୀର୍ଯ୍ୟକ ଭ୍ରୂଭଂଗୀରେ
ହାତଠାରି ଡାକୁଥାଏ
ମହମହ ଅନ୍ଧାରର ଶ୍ୟାମଳ ସନ୍ନ୍ୟାସ।

ସନ୍ନ୍ୟାସିନୀ

ଗଭୀର ରାତିରେ
ଆକାଶକୁ ମୁହଁ
ଅନ୍ଧାରକୁ ପିଠି କରି
ଶୂନ୍ୟତାର କାନ୍ଥକୁ ଆଉଜି
ସଂସାରର ଅଗଣାରେ
ଏକା ଏକା ବସିଥାଏ ସନ୍ନ୍ୟାସିନୀ
କେଜାଣି କାହାର ବାଟ ଚାହିଁ,
ଦୀର୍ଘ ତା'ର ଦୁଇଟି ଆଖିରେ
ଦୁଇଟି ଅଜଣା ଦ୍ୱୀପ
ଦ୍ୱୀପ ସାରା ଅକାଳ ସୂର୍ଯ୍ୟାସ୍ତର
ମହଳଣ ଛାଇ ।

ପ୍ରତ୍ୟୁଷର ପାଂଶୁଳ ଆକାଶ ପରି
ତା'ର ମନର ଆକାଶ
ବୈରାଗ୍ୟର ବିଭୂତି ରଂଜିତ,
ଅନାଗତ ସକାଳର ସୂର୍ଯ୍ୟ ଉଦ୍ଦେଶ୍ୟରେ
ଆଂଜୁଳାଏ ଅର୍ଘ୍ୟ
ଚିର ସମର୍ପିତ ।

ଆଜନ୍ମ ସିଦ୍ଧ ସାଧିକା ସନ୍ନ୍ୟାସିନୀ,
ବାହୁରେ ତା' ଅଇରି ସାଧନର

ଅକ୍ଷୟ କବଚ
ସୀମନ୍ତରେ କାମନାଲାଂଛିତ
ପ୍ରଜ୍ଜ୍ୱଳିତ ଅଗ୍ନିଶିଖା,
ପବନରେ ପ୍ରକଂପିତ
ଅବିନ୍ୟସ୍ତ ଅଳକା,
ଦିଗନ୍ତାଭିମୁଖୀ ମାଳେ
ବର୍ଷାର ବଳାକା।

ତା'ର ନିକାଂଚନ ତନୁତୀର୍ଥରେ
ଋତୁ ସମୂହର ଏକତ୍ରାଭିସାର,
ପଥ ହାରିଥିବା ନଦୀ
କୁଳ ହାରିଥିବା ନାରୀର
ନୀରବିତ ସ୍ୱର।

ତା'ର ନିଃଶ୍ୱାସରେ
ଆଦ୍ୟ ଆଷାଢ଼ର ବାସ୍ନା
ଓଠରେ ଆଦି କବିତାର ତୃଷ୍ଣା
ପାଦରେ ଅଗମ୍ୟ ଗମିବାର
ନମ୍ର ଦୁଃସାହସ,
କଟାକ୍ଷରେ କାଳର କୁଟିଳ ନାଚ
ଭ୍ରୂଲତାରେ ପ୍ରଳୟର
ପ୍ରମତ୍ତ ଉଲ୍ଲାସ।

ତା'ର ସୁଠାମ ସୁଦୀର୍ଘ କରତଳରେ
ଉଜ୍ଜ୍ୱଳ ଭାଗ୍ୟଚକ୍ର
ବିରଳ ଗ୍ରହ ନକ୍ଷତ୍ରଙ୍କ ଅବସ୍ଥାନ,
ଲଲାଟରେ ସମ୍ମୋହିନୀ ରେଖା
ପ୍ରେମ, ମୃତ୍ୟୁ
ତା'ର ନିଜ ଇଚ୍ଛାଧୀନ।

ତଥାପି କାହିଁକି ଏତେ
ଦୁଃଖିନୀ ଲାଗୁଥାଏ ସନ୍ନ୍ୟାସିନୀ,
ତା'ର ସର୍ବାଙ୍ଗରେ ଚରିଯାଉଥାଏ
ଶୋଷର ସଂତ୍ରାସ,
ବିକଳରେ ଚାହୁଁଥାଏ
କାହାକୁ ମାଗିବ ଜଳ
କାହାକୁ ମାଗିବ ସ୍ଥଳ
କାହାକୁ ମାଗିବ କୋଳର ଆଶ୍ୱାସ।

ସେ ମୁହାଣରୁ ଫେରିଥିବା ନଦୀ
ସେ ପଣତରୁ ଫିଟିଥିବା ମୁଦି
ସେ ଠିକଣାରୁ ହଜିଥିବା ଚିଠିର
ଅସ୍ଥିର ଚାରଣ,
ସେ କାରୁଣ୍ୟର କାରୁଣିକା
କାହାଣୀର କଥନିକା
କବିତାର ପାଦଟୀକା
ସନ୍ନ୍ୟାସିନୀ ଚିର ଉଦାସିନୀ
ଚୈତ୍ର ସାୟାହ୍ନ।

ଫାଟ

ଆଲୁଅରେ ଯେତିକି ଦିଶେ
ଅଂଧାରରେ ତା'ଠାରୁ ଢେର୍ ବେଶି,
ଦୁଇ ବାହୁର ସୀମାନ୍ତ ଅତିକ୍ରମ କରି
ଲମ୍ବିଥାଏ କାହିଁ କେତେ ବାଟ।

ଏ ପାଖରୁ ନିରେଖି ଚାହିଁଲେ
ସ୍ପଷ୍ଟ ଦିଶେ ସେପାଖର କାରବାର,
ଛାଇମାନଙ୍କର ଚଳପ୍ରଚଳ।
କାହାର କାନ୍ଦ କାନ୍ଦ ମୁହଁ
କାହାର ବିଷର୍ଣ୍ଣ ଉଦାସ,
କିଏ ଈର୍ଷାରେ ଜରଜର
କିଏ କ୍ରୋଧରେ ଥରହର
କାହା ଆଖିରେ ପୁଂଜିଭୂତ
ଘୃଣା ଅବିଶ୍ୱାସ,
ଓଠରେ ବିଷବୋଳା ହସ।

ଏସବୁ ଦୃଶ୍ୟ ଦେଖିବିନାଇଁ ବୋଲି
ଆଖିରେ ବାନ୍ଧିଥିଲି ଅନ୍ଧପୁଟୁଳି,
ରଂଗ ଯେତେ ବଦଳୁଛି ବଦଳୁ
ମୋ ପାଇଁ ଆକାଶ କେବଳ ନେଳି।

ଏବେ କିନ୍ତୁ କଥା ଅଲଗା ।
ଭିନ୍ନ ମୋଡ଼ ନେଲାଣି ସ୍ରୋତ,
ପାଉଁଶ ତଳେ ଚେଇଁ ଶୋଇଥିବା ନିଆଁ
ଅଗ୍ନିଶିଖା ହୋଇ
ଘର ଜାଳିବାକୁ ଉଦ୍ୟତ,
ଦୀର୍ଘକାଳରୁ ଅବ୍ୟବହୃତ
କଳଙ୍କିଲଗା ଅସ୍ତ୍ରଶସ୍ତ୍ର ଘଷିମାଜି ହୋଇ
ଆକ୍ରମଣ ଲାଗି ପ୍ରସ୍ତୁତ,
ଯେଉଁଠାରେ ଥିଲା
ଦେବଦେବୀଙ୍କର ଆସ୍ଥାନ
ସେଠି ଏବେ ଅପଦେବତାର ରାଜତ୍ୱ ।

ଆଉ ଟାଳିଦେଇ ହେବନାହିଁ
ଅବଶ୍ୟମ୍ଭାବୀ ବିପର୍ଯ୍ୟୟକୁ
ମାଡ଼ି ଆସୁଥିବା ପ୍ରଳୟ ପ୍ରବାହକୁ,
ଚିରକାଳ ଧରିରଖି ହେବନାହିଁ
ଦେଖି ନ ଦେଖିବାର ଅଭିନୟକୁ ।

କେତେ ଯତ୍ନରେ
ଗଢ଼ାଯାଇଥିଲା ଛାତ,
ଦକ୍ଷ ହାତ, ନିର୍ଭେଜାଲ ଉପକରଣ,
ଦିନଦିନର ଅକ୍ଲାନ୍ତ ପରିଶ୍ରମ ସତ୍ତ୍ୱେ
କୋଉଠି ରହିଗଲା ଫାଟ,
ଏକ ନିବିଡ଼ ନିରାପଦ
ସହାବସ୍ଥାନ ଲାଗି
ସହାୟକ ହେଲାନାହିଁ ଭାଗ୍ୟ ।

ଜଳିଛି ବୋଲି

ଜଳିଛି ବୋଲି ତ ଜାଳିଛି ।
ହୋମର ସମିଧ ପରି
ତୁମର ଅସ୍ତିତ୍ୱକୁ ରତି ରତି କରି
ନିକ୍ଷେପ କରିଛି ଅଗ୍ନିଗର୍ଭକୁ,
ଆପଣା ଜୁଇର
ତାତି ଶୀତଳ କରିବାକୁ ।

ତୁମେ ମତେ
କେତେ କେତେ ନାଁରେ ଡାକିଛ
ପ୍ରତି ଡାକରେ
ମରଣର ନିଦଭାଙ୍ଗି
ମୁଁ ଉଠିଆସିଛି
ମୋ ପାଇଁ ଉଦ୍ଦିଷ୍ଟ ଭୂମିକାକୁ,
ନିର୍ଦ୍ଦିଷ୍ଟ ଦାୟିତ୍ୱ
ନିର୍ବାହ କରିବାକୁ ।

ପାଦରେ ବାନ୍ଧିଛି ଘୁଙ୍ଗୁର
ଫୁଲରେ ଲେଖିଛି ଚିଟାଉ
ହାତରେ ଧରିଛି ଭିକ୍ଷାଝୁଲି
ଓଠରେ ଗୁନ୍ଥିଛି ପଦାବଳୀ,
ଯୋଗରେ ଭୋଗରେ
ସହଯୋଗୀ ସହଭାଗୀ ହୋଇ

ବାହାରିଛି ପରିକ୍ରମଣରେ
ପୁଣି କେବେ ପରିନିର୍ବାଣରେ ।

ହାରିବା ଅନିବାର୍ଯ୍ୟ ଜାଣି ମଧ୍ୟ
ମୁଁ ତୁମ ସହ ମିଶି
ଲଢ଼ିଛି ଯୁଦ୍ଧ ଭୂମିରେ,
ପ୍ରତିପକ୍ଷ ବିରୁଦ୍ଧରେ ।
ଯେତେବେଳେ ଅସଲ ମୀମାଂସାର
ବେଳ ଆସିଛି,
ତୁମେ ମତେ ହିଁ ରଖିଛ ଆଗରେ,
ବିଭାଜିତ ବିନ୍ଦୁରେ ।

ମୁଁ ସୀତା ନୁହେଁ ଯେ
ଥରକୁ ଥର ଅଗ୍ନିସ୍ନାନ କରି
ଶୁଦ୍ଧ ସୁବର୍ଣ୍ଣ ହୋଇ ଫେରି ଆସୁଥିବି
ଉଚ୍ଛିଷ୍ଟ ରାଜପାଟ ଭୋଗ କରିବାକୁ,
ମୁଁ ଫେରିବି ନିଶ୍ଚୟ
ହେଲେ କଳଙ୍କ ପ୍ରତିମା ହୋଇ
ତୁମ ଧୋବ ଫରଫର କାନ୍ଥକୁ
ଅଙ୍ଗାରରେ ରଙ୍ଗେଇବାକୁ ।

ଚେଷ୍ଟା କରି ଦେଖ,
ତୁମ କାନ୍ଥର ଦାଗ
ଲିଭିବ ନାହିଁ ଜମା ସହଜରେ
କୌଣସି ରାସାୟନିକ ଶୋଧନରେ,
ଏଣିକି ଅନ୍ୟ କାହାକୁ ଜାଳିବା ଆଗରୁ
ନିଜ ଜଳିବାର କଥା,
ତୁମକୁ ଭାବିବାକୁ ହେବ
ଭଲ ଭାବରେ ।

କବିତା କ'ଣ ଖାଏ

କେହି କେହି ପଚାରନ୍ତି,
କ'ଣ ଖାଏ କବିତା ?
ମୁଁ କହୁଚି,
କବିତା ଖାଏ ହୃଦୟ
ଖାଏ ସମୟ
ପୁଣି ଜୀବନ ସଂଗୀତର ସ୍ୱର ଲୟ ।

ଘୁଣ ପୋକ ଯେମିତି
ନିଃଶବ୍ଦରେ କୋରି କୋରି ଖାଏ
ବିଶାଳ ବନସ୍ପତିର ଗହୀର ମଂଜ
କଅଁଳ ଶସ,
ତାକୁ କରିଦିଏ ପୋରିହା ଦୁର୍ବଳ,
ଠିକ୍ ସେମିତି
କବିତା ଝୁଣି ଝୁଣି ଖାଏ
କବିର ହୃଦୟ,
ନିଦା ଚଉଖୁଣ୍ଟା
ଶକ୍ତ ଶାଳଗଜା ପରି ଦୀର୍ଘଦେହୀ କବିକୁ
କରିଦିଏ ଅସ୍ଥି କଂକାଳସାର ।

ପ୍ରେମିକା ମାଗେ ହୃଦୟ
ବଂଧୁ ମାଗେ ହୃଦୟ

ସାଥୀ, ସତୀର୍ଥ, ଆତ୍ମୀୟ ପରିଜନ
ସମସ୍ତେ ମାଗନ୍ତି ହୃଦୟ,
ହେଲେ କବିର ହୃଦୟ
ନିଜ ଦଖଲରେ ନଥାଏ,
କୋଉକାଳୁ କବିତା କବଳିତ
ହୋଇ ସାରିଥାଏ।
ତା' ଧମନୀରେ ରକ୍ତ ସଂଚାଳନ
ପିଣ୍ଡରେ ପବନ ପ୍ରସାରଣ
ସବୁ କବିତା ନିର୍ଦ୍ଦେଶରେ ହୁଏ।

କବି ବିଲ୍ୱମଙ୍ଗଳ
ତନ୍ମୟ, ଭାବଭୋଳା, ସଂସାର ଉଦାସୀ,
ଚିରକାଳ କାଳର ଊର୍ଦ୍ଧ୍ୱରେ।
ଦିନରାତି ମାନେନା
ଋତୁ ଅଋତୁ ମାନେନା
ମାନେନା ସମୟ ଦୁଃସମୟ
ବାରବେଳା ଖରବେଳା।
ନିଆଁଗିଲା ଦୁଃସାହସରେ
ବାଘ ପାଟିରେ ହାତ
ସାପ ଲାଂଜରେ ପାଦ ରଖି
ଅମଡ଼ା ମାଡୁଥାଏ।

କିଏ କୋଉଠି ଡାକୁଥାଏ
କାଳ କି କୋଳାହଳ
ସେଥିକୁ ନିଘା ନଥାଏ ତା'ର,
ଚିନ୍ତାମଣିର ପଲଙ୍କ ପଦ୍ମରେ
ଲୁଚିରହିଥାଏ କଳା ଭଅଁର।

କବିକୁ ଆପାଦମସ୍ତକ

ଗ୍ରାସ କରିବା ପରେ ମଧ୍ୟ
କବିତାର କୁମ୍ଭକର୍ଣ୍ଣୀ କ୍ଷୁଧା
ମେଣ୍ଟେ ନାହିଁ,
ଇଂଦ୍ରଜାଲର ଜାଲ ବିଛାଇ
ଭୋଜବାଜିର ଭେଳିକି ଦେଖାଇ
ବସି ରହିଥାଏ ଶିକାର ଅପେକ୍ଷାରେ
କେବେ କ୍ଲାନ୍ତ ହୁଏନାହିଁ।

ହୃଦୟ ଭାଙ୍ଗିବାର ଗଳ୍ପ

ଗଛରୁ ପତ୍ରଟିଏ ଖସିଲେ
ଯେତିକି ଶବ୍ଦ ହୁଏ,
ତା'ର ସହସ୍ର ଭାଗରୁ ଭାଗେ ହୁଏ
ହୃଦୟ ଭାଙ୍ଗିଗଲେ,
ତଥାପି ସେ ଶବ୍ଦ
ଅନ୍ୟ ଏକ ହୃଦୟକୁ ଶୁଣାଯାଏ।

ତୁମେ ଶୁଣିଛ କି ନାଇଁ କେଜାଣି
ମୁଁ କିନ୍ତୁ ଶୁଣିଛି
ହୃଦୟ ଭାଙ୍ଗିବାର ଶବ୍ଦ,
ଆଖିରେ ଦେଖିଛି
ସେଇ ନିଷ୍ଠୁର ନାରକୀୟ ଦୃଶ୍ୟ।
ରାଜପଥରେ ଆସ୍ଥାନ ବାନ୍ଧିଥିବା ସଂସାର
ନଗର ନିଗମ ନିର୍ଦ୍ଦେଶରେ
ରାତାରାତି ଛିନ୍ନଛତ୍ର ହୋଇଯିବା ପରେ
ସକାଳକୁ ବାକିଥାଏ ଯେଉଁ ଅବଶିଷ୍ଟାଂଶ,
ସେଇ ତ ହୃଦୟ ଭାଙ୍ଗିବାର
ପରବର୍ତ୍ତୀ ଅବସ୍ଥାର ଦୃଶ୍ୟ।

ଖୋଲା ଆକାଶ ତଳେ
ଖରା ବର୍ଷା ଶୀତ କାକରରେ
ରାସ୍ତା ଉପରେ ବିକ୍ଷିପ୍ତ ଭାବରେ
ପଡ଼ି ରହିଥାଏ
ବର୍ଷବର୍ଷର ସାଇତା ସଂଚୟ,
ଶ୍ରମ, ସାଧନା, ନିଷ୍ଠା, ଆଗ୍ରହ।
ସିନ୍ଦୂର ଫରୁଆରୁ କଜଳପାତି
ହାଣ୍ଡି ମାଠିଆରୁ ଶେଯସୁପାତି,
ଭଙ୍ଗା ଖଂଜଣୀରୁ ଫଟା ବଇଁଶୀ
ଚୋରା ଚଇତିରୁ ଚାନ୍ଦିନୀ ରାତି।
ଅଜଣା ପଥଚାରୀର ପାଦତଳେ
ଦଳିମକଚି ହେଉଥାଏ
ଭାଗ୍ୟ ଭବିଷ୍ୟତ,
ଅଶ୍ରୁ ଅଭିସଂପାତ।
ହେଲେ ନୀରବରେ ସହିବା ଛଡ଼ା
କିଛି କରିବାର
କି କହିବାର ନଥାଏ।

ପଥପ୍ରାନ୍ତର ସେଇ
ଉଦ୍‌ବାସ୍ତୁ ସଂସାର ଦିଶୁଥାଏ
ପୁରାତନ ମନ୍ଦିରର ଭଗ୍ନାବଶେଷ ପରି
ଯାହା ଭିତରୁ ଅନବରତ
ଗୁମୁରୁଥାଏ ଗୋଟେ
ଛାତିଫଟା କାନ୍ଦଣା ଲହରୀ।

ସବୁଠାରୁ ବଡ଼କଥା
ଭଙ୍ଗା ବିସ୍ଥାପିତ ହୃଦୟକୁ
ପୁଣିଥରେ ଯୋଡ଼ିଯାଡ଼ି ଥଇଥାନ କରିବାକୁ
ଦେଖଣାହାରୀଙ୍କ ଭିଡ଼ ଭିତରୁ

କେବେ କେବେ ଲମ୍ବିଆସେ
ଅଯାଚିତ ହାତ ଓ ହୃଦୟ,
ହେଲେ ସେତେବେଳକୁ
ଭଙ୍ଗା ହୃଦୟର ପତ୍ତା ନଥାଏ,
ଜଳରେ ଲବଣ ପରି
କନାର କର୍ପୂର ପରି
ସେ ଶୂନ୍ୟରେ ମିଳେଇ ଯାଇଥାଏ।

ଅସ୍ତ୍ର ତଳକୁ କର

ନୂଆ ରାସ୍ତା ତିଆରିବା ଆଗରୁ
ବାଟରେ ପଡୁଥିବା
କେତେ ଘର ଭାଙ୍ଗିବାକୁ ହେବ
କେତେ ସୁନାର କ୍ଷେତ
ଜୁର କରିବାକୁ ହେବ
ପୋତିବାକୁ ହେବ
କେତେ ପୂର୍ଣ୍ଣଗର୍ଭା ପୁଷ୍କରିଣୀ
କେତେ ଦେଉଳର ଦଧିନଉତି
ମାଟିରେ ମିଶେଇବାକୁ ହେବ,
ତା'ର ହିସାବ କରିନିଅ।

ଘର ତ ଖାଲି ଘର ନୁହେଁ,
ସମ୍ମିଳିତ ଶ୍ରଦ୍ଧା ଓ ସାଧନାର
ଅଚଳାୟତନ,
କ୍ଷେତ କେବଳ କ୍ଷେତ ନୁହେଁ,
ସ୍ୱପ୍ନ ଓ ସୃଜନର
ଚିରହରିତ ଚନ୍ଦନବନ।
ପୁଷ୍କରିଣୀ ସଂଚିତ ଜଳର ଭଣ୍ଡାର ନୁହେଁ,
ହରିଦ୍ରାଗାତ୍ର କିଶୋରୀ ବଧୂର
ମୁକ୍ତ ଆକାଶ,
ଦେଉଳ ବି ଉପାସନା ପୀଠ ନୁହେଁ,

ନିଃସର୍ତ୍ତ ସମର୍ପଣର
ଅଖଣ୍ଡ ବିଶ୍ୱାସ।
ଏସବୁକୁ ଭାଙ୍ଗିବାକୁ
ତୁମ ଇସ୍ପାତି ହାତ
ଓ ହୀରାରେ ବଂଧେଇ
ଛାତିରେ ଅଛି କେତେ ସାହସ,
ଆଗ ଥରେ ପରଖିନିଅ।

ଭାଙ୍ଗିବା ତ ନିମିଷକର କାମ,
ଗଢ଼ିବାକୁ ହଜାର ହଜାର ବର୍ଷ
ଯୁଗଯୁଗର ତପସ୍ୟା କଷ୍ଟ,
ସବୁକିଛି ଜାଳିଦେଇ
ପାଉଁଶ କରିବାକୁ
ଚିମୁଟାଏ କ୍ରୋଧ ହିଁ ଯଥେଷ୍ଟ।

ଆଜିଯାଏଁ ଗଢ଼ିବା ନାଁରେ
ତୁମେ ଯେତେ ଯାହା ଭାଙ୍ଗିଛ
ସେସବୁ କ୍ଷତ ଓ କ୍ଷତିର
ଏବେ ବି ଭରଣା ହୋଇନାହିଁ,
ବଂଧ୍ୟା ପଡ଼ିଛି
ଜମି, ଜରାୟୁ
ଜଙ୍ଗଲ, ଜଳାଶୟ
ପୁନର୍ବାର ଗର୍ଭଧାରଣ କରିନାହିଁ।

ଶିଆଳିଲତାର ଫାଙ୍କରେ
ଅଳତାରଂଗା ପାଦ ବଦଳରେ
ତୁମକୁ ଦିଶିଛି ହରିଣୀର କାନ,
ଆସନ୍ନ ସଂଧ୍ୟାର ଛାୟାଂଧକାରରେ
ନିର୍ଜନ ନଈଘାଟରେ

ଶୂନ୍ୟ ମାଠିଆରେ
ଜଳ ଭରିବାର ଶବ୍ଦ ଶୁଭିଛି
ତୃଷାର୍ତ୍ତ ପଶୁର ପାଦଶବ୍ଦ ପରି ।

ତୁମ ପାକଳ ହାତର
ଅବ୍ୟର୍ଥ ଲକ୍ଷ୍ୟ ଭେଦିଛି
ସେମାନଙ୍କ ବିବଶତାକୁ,
ସେଇ ଯେ ଅବେଳାରେ
ଅସ୍ତ ଯାଇଛି ସୂର୍ଯ୍ୟ,
ଆଉ ଥରେ ବି ଲେଉଟିନାହିଁ
ପୂର୍ବ ଆକାଶକୁ ।

ପାଖୁଡ଼ା ପାଖୁଡ଼ା ହୋଇ
ମାଟିରେ ଝରିପଡ଼ିଥିବା
ଏଇ ଫୁଲକୁ ଦେଖ,
କୋଉ ନିଷ୍ଠୁର ନିଷାଦର ପାଦତଳେ ବିଦଳିତ,
ସାମର୍ଥ୍ୟ ଅଛି ତ
ତାକୁ ପୁଣି ଥରେ
ବୃନ୍ତରେ ସଂଯୋଜିତ କର,
ତା'ନହେଲେ
ଅଶ୍ୱ ତକଲୁ କରି ଫେରିଯାଅ
ଏବଂ ସେମାନଙ୍କୁ
ନିଜ ନିଜ ଭାଗ୍ୟ ନେଇ
ଶାନ୍ତିରେ ରହିବାକୁ ଦିଅ ।

ନିଶାରେ ଅଛି

ନିଶାରେ ଅଛି ବୋଲି ତ
ସହିପାରିଛି ଏ କପଟାଚାର,
ଜାଣି ଜାଣି ପିଇଛି
ଛଳ ଛଳ ଛଳନାର ଜହର ।

ଅନାୟାସରେ କ୍ଷମା କରିଛି
ତୁମର ସମସ୍ତ ଅଯୋଗ୍ୟତା
ସଂସାରର ସମସ୍ତ ଅସମତା
ବିଶ୍ରୀ ଅସୁନ୍ଦରପଣ
ପ୍ରଲୋଭନର ପଙ୍କ ଭିତରୁ
କଳାନାଗର ଦଂଶନ ସହି
ତୋଳିଆଣିଛି ପଦ୍ମ ।

ଦେଖନା, ମୋ ପାଦରେ
କେତେ ଆବର୍ଜନା ଲାଗିଛି
ଗଳାରେ ଜମିଛି କେତେ ଗରଳ,
ମୋ ଛାତିର ଖୋଲା ପଡ଼ିଆରେ
ବିଛାଡ଼ି ପଡ଼ିଥିବା
ଜହ୍ନରାତିକୁ ଦେଖ,
ଢାଙ୍କିରଖିଛି କେତେ ଅନ୍ଧାର ।

ନିଶାରେ ଅଛି ବୋଲି
ଯାହା ଦେବତାର ଅସାଧ୍ୟ
ତାକୁ ସମ୍ଭବ କରିଛି
ଏଇ ତୁଚ୍ଛ ମାମୁଲି ହାତରେ,
ଜଙ୍ଗଲର ଭୟଙ୍କର ହିଂସ୍ରଜନ୍ତୁକୁ
ପୋଷା ମନେଇଛି
ସାମାନ୍ୟ ସ୍ମିତରେ।

ମୁଁ ଦେବୀ ନୁହେଁ,
ସାଧାରଣ ନାରୀଠାରୁ
ସାତ ପାହାଚ ତଳେ ମୋର ସ୍ଥାନ।
ପ୍ରେମର ମଦିରା ପିଇ
ମୁଁ ଝୁମୁଥାଏ ଅହରହ,
ତୁମେ ବୁଝିପାରିବ ନାହିଁ
ନିଶାଗ୍ରସ୍ତ ନହେଲେ
ଏଇ ଅସୁରମାନଙ୍କ ମେଳରେ
ଅସୂୟାର ଅଶୋକବନରେ
ଦିନ କାଟିବା
କେତେ କଠିନ ଦୁରୂହ।

ଗୋଟିଏ ରାତି

କେଜାଣି କେତେ ସହସ୍ର
ସଂବତ୍ସର ପରେ
ଆସେ ଗୋଟିଏ ରାତି,
ଯେଉଁ ରାତିରେ
ଆକାଶ, ପୃଥିବୀ
ଅରଣ୍ୟ, ଅନ୍ତରୀକ୍ଷ
ନକ୍ଷତ୍ରମଣ୍ଡଳ ଓ ଦଶଦିଗପାଳ
ଏକତ୍ର ରହିଥାନ୍ତି ବରାଭୟ ମୁଦ୍ରାରେ।
ସେମାନଙ୍କ ଆଶୀର୍ବଚନରେ
ସେ ରାତିର ପ୍ରତିଟି ପ୍ରାର୍ଥନା
ତତ୍କ୍ଷଣାତ୍ ଫଳବତୀ ହୁଏ।

ସେ ରାତି
ନିଷାଦର ଶରାଘାତରେ
ବିଚ୍ଛିନ୍ନ ହୋଇଥିବା କ୍ରୌଞ୍ଚମିଥୁନଙ୍କୁ
ପୁଣିଥରେ ଫେରାଇଆଣେ
ତରୁଶାଖାର ଆଶ୍ରୟକୁ।
ସେମାନଙ୍କ ପାଇଁ
ପ୍ରକୃତି ପାରିଦିଏ ପ୍ରଣୟର ପଦ୍ମାସନ,
ପବନ ଢାଳେ ଆଲଟ ଚାମର
ସ୍ୱର୍ଗରୁ ପୁଷ୍ପ ବୃଷ୍ଟି କରନ୍ତି
ଦେବଗଣ।

ସେ ରାତିରେ
ଧୂର୍ଜଟୀର ଜଟାଜାଲ ଭାଙ୍ଗି
ଭୂପୃଷ୍ଠକୁ ଅବତରି ଆସେ
ଅଳକାନନ୍ଦା,
ପଥ ଅପଥରେ ପଡ଼ିରହିଥିବା
ଶିଳା ସୁନ୍ଦରୀମାନଙ୍କୁ
ଜୀବନ୍ୟାସ ଦେବାଲାଗି ।

ସେ ରାତିରେ
ମନକୁ ମନ ଖୋଲିଯାଏ
ହାତ ପାଦର ଶିକୁଳି
ମୁକୁଳିଯାଏ
ଅଳିନ୍ଦ ନିଳୟର ଦ୍ୱାର
ନିବୁଜ ପ୍ରକୋଷ୍ଠର ବାତାୟନ,
ରୁଦ୍ଧ କାରାଗାର ଭିତରକୁ
ଅବାଧରେ ପଶିଆସେ ଜ୍ୟୋସ୍ନାଲୋକ,
ବଂଶୀସ୍ୱର, ଦକ୍ଷିଣା ପବନ ।

ସେ ରାତିରେ
ଶବ୍ଦ ହୁଏ ଶିଳାଲେଖ,
ଅଙ୍ଗୀକାର ପାଲଟିଯାଏ
ଅଟଳ ନିଷ୍ଠାର ମୌନ ମୈନାକ ।

ସେ ରାତିର ପ୍ରତ୍ୟେକ ଆୟୋଜନ
ଏକ ଏକ ମାଙ୍ଗଳିକ ଅନୁଷ୍ଠାନ,
ପ୍ରତ୍ୟେକ ଉଚ୍ଚାରଣ
ସମର୍ପଣର ନାଂଦୀଗାନ
ଏବଂ ପ୍ରତିଟି ଆଲିଙ୍ଗନ
ଶିଖର ସହ ସଂଯୁକ୍ତ

ସୋପାନ ଶ୍ରେଣୀର
ମୁଗ୍ଧ ଆରୋହଣ।

ସେ ରାତି ଆସେ
ମାତ୍ର ଥରେ,
କାଳ କାଳାନ୍ତରରେ।

ପ୍ରେମୀର ପ୍ରୟାଣ

ମରିବି ତ ମରିବି
ପ୍ରେମରେ ମରିବି,
କାହିଁକି ମରିବି ରୋଗରେ ବ୍ୟାଧିରେ,
ଭୋକରେ, ଶୋକରେ !
ମରିବି ତ ସାମ୍ରାଜ୍ଞୀ ପରି
ପରିପୂର୍ଣ୍ଣ ହୃଦୟରେ,
କାହିଁକି ମରିବି ଅଭାବରେ ଅନଟନରେ,
ଅପାଂକ୍ତେୟ ଅବାଂଛିତ ପରି
କାଙ୍ଗାଳପଣରେ !

ମରିବି ତ
ଥରେ ମାତ୍ର ମରିବି,
ମରିବା ଆଗରୁ
ଜୀବନକୁ ଷୋଳଣା ଭୋଗିବି,
ମୃତ୍ୟୁ ଆଶଙ୍କାରେ
ପ୍ରତିଦିନ ପ୍ରତି ମୁହୂର୍ତ୍ତରେ
ଶହ ଶହ ଥର କାହିଁକି ମରିବି !

ମରିବି ତ ବସନ୍ତରେ ମରିବି,
ଗ୍ରୀଷ୍ମରେ ନୁହେଁ କି ବର୍ଷାରେ
ଶରତରେ ନୁହେଁ କି ହେମନ୍ତରେ ।
ପୂର୍ବାଶାରେ ଫିଟୁଥିବ ସୂର୍ଯ୍ୟୋଦୟ
କଢ଼ିରୁ ମୁକୁଳୁଥିବ କିଶଳୟ
ସକାଳ ଚଢ଼େଇ ଅଳସ ଭାଙ୍ଗୁଥିବ
ଅଳସୀ କ୍ଷେତରେ,
ପବନ ଗେଲ କରୁଥିବ
ଫୁଲର ଓଠରେ ।

ଏମିତି ବେଳାରେ
ମୃତ୍ୟୁ ଆସିବ ପ୍ରିୟତମ ପରି,
ପ୍ରଥମେ ଧରିବ ହାତ
ଧୀରେ ଧୀରେ ଆଖି, ଓଠ,
କପାଳ, ଚିବୁକ,
ସବୁଠି ରଖିବ ସ୍ପର୍ଶ ।
ତା' ସହ ଚରମ ଆଶ୍ଳେଷରେ
ସମାଧିସ୍ଥ ହେବା ପୂର୍ବରୁ
କହିବି ମୋର ଶେଷକଥା,
ପ୍ରେମୀ ଯୁଗଳଙ୍କ ଉଦ୍ଦେଶ୍ୟରେ
ଦେଇଯିବି ଶେଷ ବାର୍ତ୍ତା ।

ମୋ ମୃତ୍ୟୁରେ
ହୁରି ପଡ଼ିଯିବ ସାରା ପୃଥିବୀରେ,
ବନ୍ଦ ହୋଇଯିବ କାରବାର
କଳ କାରଖାନା, ଦୋକାନ ବଜାର,
ବଣିଜ ବେପାର ।
ଶୂନ୍ୟ ହୋଇଯିବ ମଧୁଶାଳା
ଉଆଁସୀ ରହିବ ଚନ୍ଦ୍ରଶାଳା ।

ସେଦିନ
ପ୍ରତ୍ୟେକ ଖରବକାଗଜରେ
ଗୋଟିଏ ମାତ୍ର ଖରବ ରହିଥିବ
ପ୍ରଥମ ପୃଷ୍ଠାରେ,
'ଜଣେ ପ୍ରେମୀର ପ୍ରୟାଣ' ଶୀର୍ଷକରେ ।

ଗୋଟିଏ ସଂଜ ସମୁଦ୍ର କୂଳରେ

କଥା ଥିଲା
ଗୋଟେ ନିରୋଳା ସଂଜ
ଆମେ ଏକାଠି ବସିବା
ସମୁଦ୍ର କୂଳରେ ।
ବସି ବସି କେବଳ
ସମୁଦ୍ରର ସୌନ୍ଦର୍ଯ୍ୟ ଦେଖିବା ନାଇଁ
ତାକୁ ଡାକିଆଣିବା ଆମ ଭିତରକୁ,
ବହୁକାଳ ପରେ ଭେଟିଥିବା
ପୁରୁଣା ବଂଧୁ ପରି
ତା' ସହ କିଛି ମନ ଖୋଲା
ଗପସପ ହେବାକୁ ।

ସେ ଗପରେ ରହିବ ନାହିଁ
ତୁମର ଭାଙ୍ଗିପଡୁଥିବା ଘର
ଅରମା ପାଲଟିଥିବା ବଗିଚାର କଥା,
ରହିବ ନାହିଁ
ସମସ୍ତ ଉପଚାର ସତ୍ତ୍ୱେ
ମୋର ଉପଶମ ହେଉନଥିବା ପୀଡ଼ା
ଶୁଖୁନଥିବା କ୍ଷତର ବ୍ୟଥା ।
ରହିବ ନାହିଁ
ଅଫଳନ୍ତି ମାଟି

ଅଂଧାରୁଆ ଆକାଶ
ଅଣନାତିଶୀତୋଷ୍ଣ ଜଳବାୟୁର
ହାଲ୍‌ଚାଲ୍,
ଅନୁଦାର ସ୍ୱପ୍ନ
ଅକୁଳାଣ ସମୟ
ଓ ପବନରେ ପହଁରୁଥିବା
ଆମ ତ୍ରିଶଙ୍କୁ ସମ୍ପର୍କର ଖବର ।

ସମୁଦ୍ର ହେବ ବକ୍ତା
ଆମେ ଶ୍ରୋତା,
ସେ ସୂତ୍ରଧର
ଆମେ ଚରିତ୍ର ଅଭିନେତା ।
ସମୁଦ୍ରଠାରୁ ଶୁଣିବା
ତା'ର ଉତ୍ପତ୍ତି, ବିସ୍ତୃତି,
ତାକୁ ନେଇ ଘଟିଥିବା ଘଟଣାର
ବିବରଣୀ,
ତା' ଦେହରେ ବିଲୀନ
ନଦୀମାନଙ୍କର କାହାଣୀ ।

ସମୁଦ୍ର ସହିତ ଯିବା
ଇତିହାସର ସେ ଅଜ୍ଞାତ ଦ୍ୱୀପକୁ,
ଯେଉଁଠାରେ କିଛି ପୁରାତନ
ପଣ୍ୟବାହୀ ଜାହାଜର ଭଂଗାରୁଜା ଅଂଶ
ଏବେ ବି ପଡ଼ିରହିଛି,
ସମୃଦ୍ଧ ଅତୀତର
ସୁବର୍ଣ୍ଣ ସ୍ମାରକୀ ହୋଇ
ନିଜକଥା କହିବାକୁ ।

ଅନ୍ୟମାନଙ୍କ ଭଳି
ଆମେ ବି ନିଜ ନାଁ ଲେଖିବା
ଓଦା ବାଲିରେ,
କେବେ କୌଣସି ଅଜଣା ଜଳଯାତ୍ରୀ
ଆମକୁ ଆବିଷ୍କାର କରିପାରେ,
ଏଇ ଆଶାରେ।

ସମୁଦ୍ରଠାରୁ ଶିଖିନେବା
ସୁନାମୀକୁ ସାମ୍ନା କରିବାର କୌଶଳ
ଅଣାୟତ ଅଣଚାଶରେ
ସ୍ଥିର ରହିବାର ଉପାୟ,
ରତ୍ନ ଆହରଣ ଲାଗି
ସମୁଦ୍ର ବୁଡ଼ାଳିର ଅଧ୍ୟବସାୟ।

ଆମ ଗପ ସରିନଥିବ,
ସଂଜ ସରିଯିବ।
ରାତି ଗାଢ଼ ହେବା ଆଗରୁ
ସମୁଦ୍ରଠାରୁ ବିଦାୟ ମାଗି
ଫେରିଆସିବା ନିଜ ନିଜ ଶିବିରକୁ,
କ୍ଲାନ୍ତ ଦେହ ଟିକିଏ ସଳଖି ନେଇ
ଆସନ୍ତାକାଲିର ଯୁଦ୍ଧ ପାଇଁ
ପ୍ରସ୍ତୁତ ହେବାକୁ।

ଦି'ପହରର ଦୀର୍ଘଶ୍ୱାସ

ଦି'ପହରର ଦୀର୍ଘଶ୍ୱାସରେ ଦୂର ଦରିଆର ଡାକ,
କେବେଠୁ ଲାଗୁଛି ନିଜର ନିଜର କେବେଠୁ ଲାଗୁଛି ପାଖ।
ଆସିବ ଯଦି ସେ ଆସୁ ଆଜି ମୋର ଧୋଇନେଉ ସବୁ ପାପ,
ବିଗତ ଦିନର ଯେତେ ଅଂଧାର ରାତିର ଯେତେକ ତାପ।

ଅଳକର ଫୁଲ ଆଖିର କଜଳ ପାଦର ଅଳତା ଗାର,
କେବେଠୁ ସାଇତି ରଖିଛି ତା'ଲାଗି ଦେବି ବୋଲି ଉପହାର।
ଦେବି ତାକୁ ମୋର କୁଆଁରୀ ଦିନର ତାରକସି ନାକଚଣା,
ମୋଡ଼ ସେପାଖରେ ଛାଡ଼ି ଆସିଥିବା ଦାରୁଣ ଦୁର୍ଘଟଣା।

ମଉଳା ଫୁଲକୁ ମାଳା କରି ସିଏ ପିନ୍ଧିବ ଯଦି ପିନ୍ଧୁ,
ଦୁର୍ଘଟଣାକୁ ଦାୟୀ କରି ତା'ର ଭାଗ୍ୟକୁ ଅବା ନିନ୍ଦୁ।
ମୋର କିବା ଯାଏ ମୁଁ ତ ବସିଛି କାକରରେ ଧୋଇ ଦେହ,
ଦରିଆକୁ ଦେବି ନଈର ନକ୍ସା ଢେଉରେ କାଟିବି ସୁଅ।

ଦି'ପହରର ଧୂଳିଝଡ଼ ଆସି ଓଲେଇ ନେଲେ ମୋ ଘର,
ସଜ ଅଗଣାରେ ସଂଜବତୀ ମୁଁ ଜାଳିବି ପ୍ରଥମ ଥର।

ପାଲଭୂତ

ଫେରିବାକୁ ହେବ କହୁଛ ବନ୍ଧୁ ଆଜି ଏ ଅନ୍ଧକାରେ,
ନିଜ ନିଃଶ୍ୱାସ ଲୁଚକାଳି ଖେଳେ ନିଜ ସହ ଯେତେବେଳେ,
ନିଜ ପାଦଚିହ୍ନ ଚିହ୍ନିହୁଏ ନାହିଁ ଅଚିହ୍ନା ନିଜର ଛାଇ,
କାହା ପାଇଁ କୁହ ଫେରିବାକୁ ହେବ ଏମିତି ତ କେହି ନାହିଁ !

ଛାଡ଼ି ଆସିଥିବା ରାସ୍ତା ମୋଡ଼ରେ ଥିଲା ଯେଉଁ ପାନ୍ଥଶାଳା,
ରାତିକ ପାଇଁ ସେ ଖୋଲି ଦେଇଥିଲା ତୁମ ଲାଗି ମଧୁଶାଳା ।
ରାତି ପାହିଗଲା ସୁରା ସରିଗଲା ଶୂନ୍ୟ ସୁରେଇ ଭାଗ୍ୟ,
ଅନ୍ତ୍ୟେଷ୍ଟି ଲାଗି ଜଳ ଆଣିବାକୁ ଏବେ ସେ କେବଳ ଯୋଗ୍ୟ ।

ସାହାରାକୁ ଯିଏ ସାହାରା ଭାବେ ସେ ପବନରେ ତୋଳେ ଘର,
ସେ ଘର କି କେବେ ଆପଦେ ବିପଦେ ହୁଏ ଆଶ୍ରୟସ୍ଥଳ ?
ସବୁ ହାନିଲାଭ ଊର୍ଦ୍ଧ୍ୱରେ ଥାଏ ସମୟର ଶୁଭଙ୍କରୀ,
କ୍ଷତିର କ୍ଷତଟି ଜଳଜଳ ଦିଶେ ପଛକୁ ଚାହିଁଲେ ଫେରି ।

ଆଗରେ କୁହୁଡ଼ି ପଛରେ ଅନ୍ଧାର ମଝିରେ ଉଜୁଡ଼ା କ୍ଷେତ,
ଉଜୁଡ଼ା କ୍ଷେତକୁ ଜଗିବାକୁ ଆଉ ଲୋଡ଼ାନାହିଁ ପାଲଭୂତ ।

ସୁଡ଼ଙ୍ଗ ଶେଷରେ ସୂର୍ଯ୍ୟୋଦୟ

ଅଂଧାର ସହ ଅଛି ମୋର ଏକ ଅଲିଖିତ ବୁଝାମଣା,
ଭଉଁରୀରେ ତା'ର କେବେ ଦିନେ ମତେ କରିନି ସେ ବାଟବଣା।
ଯେବେ ବି ଚାହିଁଛି ତା' ଦେହେ ପାଇଛି ଶୁକ୍ଲାମ୍ବରୀ ଏକ ରାତି,
ତିମିର ତୀର୍ଥେ ଝଲସି ଉଠିଛି ନୀଳ ଜହ୍ନର ଦ୍ୟୁତି।

ଦୁର୍ଭାଗ୍ୟ ସହ ଅନୁବଂଧିତ ରହିଛି ମୁଁ ଚିରକାଳ,
ତଥାପି ପାଇଛି ନିଜଠୁ ନିଜର ଉଦାର ଗୋଟିଏ କୋଳ।
ଆଶ୍ୱାସନାର ଶୀତଳ ଜଳରେ ଧୋଇଛି ସେ ମୋର ତାତି,
ଲୁହ ଢାଳିବାକୁ କାନ୍ଧ ଦେଇଛି ମଥା ରଖିବାକୁ ଛାତି।

ବ୍ୟର୍ଥତା ମୋର ବାଲ୍ୟବନ୍ଧୁ ସୁଦୀର୍ଘ ଯାତ୍ରାପଥେ,
ବାରବାର ଆସି ସଂଖୁଳି ଯାଇଛି ଖୁଦଭଜା ଧରି ହାତେ।
ସେ ଖୁଦକଣାରେ ଲୁଚିରହିଛି ମୋ ଜୀବନର ଜୀବନିକା,
ନିରାଶାର କଳାମେଘରେ ଯେମିତି ଆଶାର ରଜତ ରେଖା।

ଯାହାକୁ ଭାବିଛି ମହାନାଟକର ଅନ୍ତିମ ସମାରୋହ,
ସେଇ ଦେଖାଇଛି ସୁଡ଼ଙ୍ଗ ଶେଷରେ ନୂତନ ସୂର୍ଯ୍ୟୋଦୟ।

ଟିପ ଚିହ୍ନ

ଆଜି ଦିନ ନୁହେଁ ସବୁଦିନ ପରି ଆଜି ଦିନ ଟିକେ ଭିନ୍ନ,
ଜୀବନ ଖାତାରେ ପ୍ରେମ ଦେଇଗଲା ଆଜି ତା'ର ଟିପଚିହ୍ନ।
ଆଜି ଚନ୍ଦ୍ରରେ କଳଙ୍କ ଅଧିକ କଳଙ୍କରେ ବେଶି କଳା,
ପ୍ରେମର କଳାରେ ଆଜିର ଏ ରାତି କାଳଜୟୀ ହୋଇଗଲା।

ଆଜି ପ୍ରଭାତର ପ୍ରଣବ ଧ୍ୱନିରେ ପ୍ରଣୟର ପ୍ରାର୍ଥନା,
ପ୍ରାଣତନ୍ତ୍ରୀରେ ଢାଳି ଦେଇଗଲା ପୂରବୀର ମୂର୍ଚ୍ଛନା।
ଆଜି ମୋ କବିତା କାନ୍ଦଣା ନହୋଇ କାକଳି ପାଲଟିଗଲା,
କେଉଁ କିଶୋର ତା' ଈଶ୍ୱର ମନ ମୋ ନାଁରେ ଲେଖିଦେଲା।

ଆଜି ଏ ଆଖିର ଶ୍ୟାମଳ ହ୍ରଦରେ ଦୂର ପାହାଡ଼ର ଛାଇ,
ସବୁଦିନ ପାଇଁ ବସି ରହିଗଲା ବତୀଘରଟିଏ ହୋଇ।
ଗତ ଜନ୍ମରେ ଯେଉଁ ଗହ୍ୱର କରିନଥିଲି ମୁଁ ଇତି,
କେଉଁ ଗାଳ୍ପିକ ଦେଲା ତାକୁ ଆଜି ତା'ର ଶେଷ ପରିଣତି।

ଆଜି ମୁଁ ନିଜକୁ ନିଜ ରାଣ ଦେଇ ମାଗିଛି ତା' ପ୍ରତିଶ୍ରୁତି,
ଆସନ୍ତାକାଲି ମୁଁ ନଥାଏ ପଛେ ମୋ ପ୍ରେମ ହେଉ ଆୟୁଷ୍ମତୀ।

ଗୋଟିଏ ଜହ୍ନରାତି

କେତେ ଜନ୍ମର ଅନ୍ଧାର ପରେ ଆସେ ଗୋଟିଏ ଜହ୍ନରାତି,
କେତେ ସ୍ୱପ୍ନର ସମାଧି ଉପରେ ଗଢ଼ାହୁଏ ଏକ ସ୍ମୃତି।
କେତେ କାମନାର ବିନାଶ ଉତ୍ତାରେ ହୁଏ ଗୋଟିଏ ଇଚ୍ଛା ପୂର୍ତ୍ତି,
କେତେ ଶୃଙ୍ଖଳ ଛିଡ଼ାଇବା ପରେ ମିଳେ ଚରିକାଂକ୍ଷିତ ମୁକ୍ତି।

କେତେ ଅପ୍ରେମର ଅନିଭୋଗ ପରେ ଆସେ ଗୋଟିଏ ଶୁଦ୍ଧ ପ୍ରେମ,
ଗିରିଶିଖର ସେ ଲକ୍ଷ୍ୟପଥରେ ବାରବାର ଡାକେ ଭ୍ରମ।
କେତେ କେତେ ମରୁପ୍ରାନ୍ତର ପରେ ଦିଶେ ଚେନାଏ ସବୁଜ ଘାସ,
ମୁଗ୍ଧ ଗୋଟିଏ ପଲକ ପଛରେ ଥାଏ ହଜାରେ ଦୀର୍ଘଶ୍ୱାସ।

ବାରବର୍ଷର ବିରହ ପଖଳା ବେଦନା ଅଶ୍ରୁ ଶୋକ,
ନ ଭୋଗିଲେ କାହିଁ ଗଢ଼ିପାରେ କେହି କଳାର କଳ୍ପଲୋକ!
କେତେ ତପସ୍ୟାର ତୃଣତଳ୍ପରେ ତନୁ ବିଛାଇବା ପରେ,
ଶବରୀ ହେବାର ସୌଭାଗ୍ୟ ମିଳେ ବଂଚିତ ଜୀବନରେ।

କେତେ କେତେ ସୁଅ କାଟିବା ପରେ ମୁଁ ଆଜି ପାଇଛି ଗୋଟିଏ କୂଳ,
ସେ କୂଳ ନାଁରେ ଲେଖିଦେଇଛି ମୋ ଇହାକାଳ ପରକାଳ।

ଡାକ (୨)

ଅନ୍ଧାକାରର ଆଖି ଯାହା ଦେଖେ ଆଲୁଅ ତା' ଦେଖେ ନାହିଁ,
ନୀରବତା ଯେଉଁ କଥା କହିପାରେ ଶବ୍ଦ ପାରେନା କହି।
ପାଖରୁ ଶୁଣିଛି ହଜାରେ ଡାକ ମୁଁ ଦୂରରୁ ଗୋଟିଏ ଡାକ,
ସେଇ ଡାକ ମତେ ଅନ୍ୟମନସ୍କ କରିଛି ଜୀବନଯାକ।

କାନ୍ଥରେ ମୋର ସ୍ୱପ୍ନ ଶିଉଳି ଚଟାଣରେ ସ୍ମୃତିରେଖା,
ଛଅ ଋତୁ ଲାଗି ଛାତରେ ଲାଗିଛି ଛତିଶା ନିଯୋଗ ପଙ୍ଖା।
କାରୁଣ୍ୟର କୁଟାକାଠିରେ ଗଢ଼ିଛି ଘରଚଟିଆର ବସା,
ମଧ୍ୟଯୁଗୀୟ ମୂଲ୍ୟବୋଧରେ ଆଙ୍କିଛି ତା'ର ନକ୍‌ସା।

ଦରିଆ କୂଳରେ ଛାଡ଼ି ଆସିଥିଲି ଢେଉ ଗଣିବାର ଦିନ,
ତୋଟା ଗହଳରେ ହଜିଗଲା ଦିନେ ହଳଦିବସନ୍ତ ମନ।
କେଉଁ କାପାଳିକ କପାଳରେ ମୋର ଲେଖିଦେଲା କାଳରାତି,
ଦୀପ ଖୋଜୁଖୋଜୁ ସଳିତା ସରିଲା ରାତି ହେଲା ସାତରାତି।

ଭାଷା ସରିଗଲେ ନିଶା ସରେ ନାହିଁ ଆଶାର ବତୀଟି ଜଳେ,
ଡାକ ହୋଇଯାଏ ନିଜେ ଡାକବାଲା ଡାହାଣିଆ ଖରାବେଳେ।

ହାରିଯାଇଥିବା ଲୋକ

ଯଦି କେବେ ମତେ ମୁହାଣ ମୁହଁରୁ ଫେରି ଆସିବାକୁ ହୁଏ,
କାନି ଗଣ୍ଠିରୁ ଫିଟିଯାଇ ଯଦି ମୁଁ ମାଛର ଆଁରେ ରହେ,
ଠିକ୍ ଠିକଣାରୁ ହଜିଯାଇ ହୁଏ ଭୁଲ୍ ଠିକଣାର ଚିଠି,
ସେଦିନ ଜାଣିବ ବାଜି ହାରିଥିବା ପଶାପାଲିର ମୁଁ ଗୋଟି।

ମୋ ଜନ୍ମ ମୋ ହାତରେ ନଥିଲା ମୋ ମୃତ୍ୟୁ ବି ନାହିଁ,
ଚଲାମେଘ ହୋଇ ଚାଲି ଯାଉ ଯାଉ କାହା ଲାଗି ହେଲି ଛାଇ।
ହୁଏତ ଦିନେ ଏ ଛାଇର ଛତ୍ର ଅପସରି ଯାଇପାରେ,
ସେଦିନ ଜାଣିବ ମୁଁ ନାହିଁ ଆଉ ମୋ ନିଜ ଆୟତ୍ତରେ।

ଗୋଟିଏ ରାତିର ଆଳାପ ଲାଗି ମୁଁ ଦେଇଥିଲି ଦିନେ କଥା,
ଆଳାପ ଆଗରୁ ବିଳାପ ଶୁଭିଲା ଚରିଗଲା ନୀରବତା।
ଯଦି କାହା ଆଶା ଅକାଳରେ ହେଲା ମୋ ଲାଗି କୀଟଦ୍ରଂଷ୍ଟ,
ସେଦିନ ଜାଣିବ ମୁଁ ଆଉ ନାହିଁ ଆଗଭଳି ନୀତିନିଷ୍ଠ।

ହାରିଯାଇଥିବା ଲୋକର ନଥାଏ ଜିଇଁବା ମରିବା ଭେଦ,
ମାଟି ଉପରେ ତା' ଗୋଟିଏ ପାଦ ତ ଶୂନ୍ୟରେ ଆରପାଦ।

ଜହ୍ନ ବଗିଚା

ଆଲୁଅ ଯେଉଁଠି ଅନ୍ଧାର ସହ ଅନିଚ୍ଛାରେ କରେ ସଂଧି,
ଆକାଶ ଯେଉଁଠି ପୃଥିବୀ ସହିତ ଗାଉଛି ଯୁଗଳବନ୍ଦି,
ଜୀବନ ସହିତ ମରଣ ଯେଉଁଠି ପ୍ରତି ପାଦେ ପ୍ରତିଦ୍ୱନ୍ଦ୍ୱୀ,
ଚତୁର୍ଦ୍ଦଶୀର ଜହ୍ନ ସେଇଠି ମେଘର ନଜରବନ୍ଦୀ।

ନିଦାଘ ନିଆଁର ନୃତ୍ୟନାଟିକା ମୁକ୍ତ ମଂଚ ପରେ,
ଦେଖାଏ ତାହାର ଅଭିନୟ କଳା ଦର୍ଶକ ଦରବାରେ,
ବର୍ଷା ବାସର ବ୍ୟଥାରେ ବିଧୁର ବଧୂଟି ଯେଉଁଠି କାନ୍ଦେ,
ଚତୁର୍ଦ୍ଦଶୀର ଜହ୍ନ ସେଇଠି ନିଜ ଭାଗ୍ୟକୁ ନିନ୍ଦେ।

ହେମନ୍ତ ହାତର ମଂଜୁଆତିରେ ହଳଦିପତ୍ର ବାସ୍ନା,
ଶରତର ନୀଳକଇଁ ପାଖୁଡ଼ାରେ ତରଳ ରୂପାର ଜ୍ୟୋସ୍ନା,
ଫେରାର୍ ଫଗୁଣ ଫେରିବା ବାଟରେ ଯେଉଁଠି ପଡ଼ିଛି ବନ୍ଧା,
ଚତୁର୍ଦ୍ଦଶୀର ଜହ୍ନ ସେଇଠି ମୁଗ୍ଧା ଅଳକାନନ୍ଦା।

ରାତି ଶୋଇଗଲେ ଦୀପ ଲିଭିଗଲେ ଜହ୍ନ ବଗିଚା ବୁକେ,
ଚତୁର୍ଦ୍ଦଶୀର କରୁଣ ଜହ୍ନ ତା'ର ଦିନଲିପି ଲେଖେ।

ଶେଷ ସର୍ଗ

ଏ କବିତା ମୋର କର କଙ୍କଣ କବରୀ କୁସୁମ ମାଳ,
ମଥା ମଥାମଣି କଟୀର କିଙ୍କିଣି ଗଳାର ରତ୍ନହାର।
କପାଳେ ଅଳକ ବକ୍ଷେ ପଦକ ବାହୁରେ ସେ ବାହୁବଂଧ,
ନାକରେ ବସଣି ଶିରେ ଆଡ଼କଣି ପାଦରେ ନୂପୁର ଛଂଦ।

ଏ କବିତା ମୋର ପ୍ରଥମ ପ୍ରେମର ପ୍ରଥମ ସଂଭାଷଣ,
ତାପସୀ ତନୁର ତ୍ରିବେଣୀ ତୀରରେ ତୃଷ୍ଣାର ତର୍ପଣ।
ସେ ମୋର ସାଧନା ଯଜ୍ଞବେଦିରେ ଅଗ୍ନି ଅନିର୍ବାଣ,
ନୀତିର ନୈବେଦ୍ୟ ସ୍ମୃତିର ସମିଧ ପ୍ରୀତିର ପ୍ରଜ୍ଜ୍ୱଳନ।

ନିଶୁନ୍ ରାତିରେ ଏ କବିତା ମୋର ନିଜ ସହ ଗପସପ,
ଦୁଃଖର ସାତ ସମୁଦ୍ର ମଝିରେ ସୁଖର ପ୍ରବାଳ ଦ୍ୱୀପ।
ଅନ୍ୟ ମନସ୍କ ମନ ତଳେ ସିଏ କୁହୁକୁହୁ ଏକ କୋହ,
ହାରି ସାରିଥିବା ଯୁଦ୍ଧକୁ ପୁଣି ଜିତିବାର ପ୍ରତ୍ୟୟ।

ଏ କବିତା ମୋର ମାୟା ଦର୍ପଣ ମୋହ ମୁକ୍ତିର ମାର୍ଗ,
ସେ ମୋର ଆଦ୍ୟ ସେ ମୋର ମଧ୍ୟ ଜୀବନର ଶେଷ ସର୍ଗ।

ଦୂର ପର୍ବତ

ଦୂର ପର୍ବତ ଚିରକାଳ ସୁନ୍ଦର,
ତା' ସୁନ୍ଦରତାରୁ ଆଖି ଫେରାଇବା
ବଡ଼ ଦୂରୁହ ବ୍ୟାପାର।

ଅଧା ତନ୍ଦ୍ରା
ଅଦା ଜାଗରଣରେ ଗଢ଼ା
ତା'ଦେହର କୋମଳ ମାଂସପେଶୀ,
ଯା'ଉପରେ ସରଳ ସ୍ୱପ୍ନର
ତରଳ ତାରକସି।
ତା' ଛାତିର ମୁକ୍ତ ପ୍ରାନ୍ତରରେ
ସଦ୍ୟ ଉଇଁଥିବା ଜହ୍ନର
କୁଆଁରୀ କିରଣ,
ପ୍ରକମ୍ପିତ ପ୍ରଶ୍ୱାସରେ
ଦାରୁଚିନି ଦ୍ୱୀପର ସୁଗନ୍ଧ ପବନ।
ଉନ୍ମୁକ୍ତ ଉଦ୍ୟତ ବାହୁରେ
ଅସରନ୍ତି ଆଲିଙ୍ଗନ
ପୁଣି ନିଟୋଳ ଓଠରେ
ନିରବଚ୍ଛିନ୍ନ ନିମନ୍ତ୍ରଣର ନାମାଙ୍କନ,
ଏବଂ ସବୁର ସମ୍ମିଶ୍ରଣରେ
ସେ ଏକ ଅପ୍ରତିହତ ଆକର୍ଷଣ।

ଦୂର ପର୍ବତ
ଗୋଟେ ବିଦୁଷୀ ପ୍ରେମିକା,
ପ୍ରେମିକ ଓ ତା' ମଝିରେ ଟାଣିଥାଏ
ଚିରସ୍ଥାୟୀ ବିଭାଜନ ରେଖା
ଏବଂ ନିରାପଦ ଦୂରତ୍ୱର ନିବିଡ଼ ଛାୟାରେ
କରୁଥାଏ ଆତ୍ମରକ୍ଷା,
ନିର୍ବୋଧ ପ୍ରେମିକକୁ ମାଲୁମ ନଥାଏ
ଏ ରେଖାର ସୀମାନ୍ତ ସେପାରେ
ଅଛି ମୃତ୍ୟୁର ଶୀତଳ ଉପତ୍ୟକା।

ସଂଜ ଗଡ଼ିଗଲା ପରେ
ଯେତେ ବଢୁଥାଏ ରାତିର ବୟସ
ସେତେ ନିକଟବର୍ତ୍ତୀ ହୁଏ
ଦୂର ପର୍ବତର ଦୃଶ୍ୟ।
ଥରେ ଥରେ ଗଭୀର ରାତିରେ
ସେ ଅନାହୂତ ପଶିଆସେ ଭିତରକୁ
ମୁଠାଏ ମହକ ପରି
ବୁଣି ହୋଇଯାଏ ସାରା ଘର,
ଚମ୍ପାକଢ଼ି ଆଙ୍ଗୁଳିରେ
ଛୁଇଁଯାଏ ଚଟାଣରୁ ଛାତ
ପାଦରୁ କପାଳ,
ଭୋର୍ ହେବା ଯାଏଁ ଶୁଭୁଥାଏ
ତା' ପାଣିକାଚ ଛମ୍‌ଛମ୍ ସ୍ୱର।

ତାକୁ ଥରେ ଛାତିରେ ଜାକି ଧରିବାକୁ,
ବହୁବାର ଯାଇଛି ମୁଁ
ସେ ପର୍ବତ ପାଖକୁ।
ହେଲେ ପ୍ରତିଥର ପାଦଦେଶରୁ ହିଁ
ଫେରିଛି ମୋର ପାଦ,

ସେଠି ପହଁଚିବା ପରେ ଦେଖିଛି
କାହିଁ ପର୍ବତ
କାହିଁ ଆନନ୍ଦ,
ସେ ତ ଶେଷହୀନ ଶୋଷର
ମୂର୍ତ୍ତିମନ୍ତ ବିଷାଦ ।

ଦାଂପତ୍ୟ

ମଉଳା ଫୁଲର ଝାଉଁଳା
ନହକା ଡେଙ୍ଗ ପରି
ଦୁଇ ଶୀର୍ଣ୍ଣ ଶିରାଳ ହାତ
ଶେଷ ପର୍ଯ୍ୟନ୍ତ ଧରି ରଖିଥାଏ
ମୁଠାଏ ପ୍ରାଚୀନ ପାଣିକାଚର ରୁଣୁଝୁଣୁ,
ଲିଭି ଆସୁଥିବା ସଳିତାର
ଅନ୍ତିମ ପ୍ରାର୍ଥନା ପରି
ଏକ ଅସ୍ପଷ୍ଟ ଗୁଣୁଗୁଣୁ।

ଦିନେ ହାତ ସହ ସମାନ ଥିଲା
କାଚର ମାପ,
ଏବେ ହାତକୁ ହୁଗୁଳା କାଚ
ମଝିରେ ଫାଙ୍କ ଅମାପ।

ହାତ ଦେଖିଛି
କାଚର ନହୁଲି ବୟସ
ଭରା ଯୌବନର ଦିନକାଳ,
କାଚ ବି ଦେଖିଛି
ହାତର ସାଧବବୋହୂ ବେଶ
ହଳଦିରଙ୍ଗା କଅଁଳ ଗାଧୁଆ ବେଳ।

ସେଦିନ ହାତ ଥିଲା ନିଖୁଣ ନିଟୋଳ
କଅଁଳ ପଦ୍ମନାଡ଼ ପରି
ଶୁଭ୍ର କୋମଳ,
ପାପୁଲିରେ ଫୁଟୁଥିଲା ପଦ୍ମ
ପାଖୁଡ଼ାରେ ବନ୍ଦୀ ଅନ୍ଧ ଭଅଁର।
ସେଦିନ କାଚ ଥିଲା ଇନ୍ଦ୍ରଧନୁ,
କେତେ କେତେ ନାଁ ତା'ର
ବଉଳମାଳି, ରଙ୍ଗଝିଲିରି,
ଆସ୍‌ମାନ୍‌ତାରା, ସୁବର୍ଣ୍ଣମୁଖୀ,
ତା' ମିଠା ଛମ୍‌ଛମ୍ ଗୀତରେ
ଝରଣା ବି ଯାଉଥିଲା ବାଟଭାଙ୍ଗି।

ଏବେ ହାତର ମାନଚିତ୍ରରେ
ଅସୁମାରି ବିଭାଜନ ରେଖା,
ପାପୁଲିରେ ସଂଘର୍ଷ ଓ ସାଲିସ୍‌ର
ଯୁଗ୍ମ ହସ୍ତାକ୍ଷର,
ମଣିବଂଧରେ ସମୟର ଶ୍ୱେତପତ୍ର
ଅନାମିକାରେ ଚମକୁଛି
ଅସହାୟତାର ମାଣିକ୍ୟ ପଥର।

କାଚର ଶୀତଳ ଗୋଲାର୍ଦ୍ଧରେ
ଏବେ ଶୀତର ରାଜୁତି,
ସୂର୍ଯ୍ୟହୀନ ଦିନ
ଚନ୍ଦ୍ରହୀନ ରାତି
ତୃଣହୀନ ମାଟିର କାକୁତି।

ହାତ ଆଶ୍ଚର୍ଯ୍ୟ ହୁଏ,
ଏତେକାଳ ଧରି
କେମିତି ରହିଛି ସେ

କାଚର ଘେରାବନ୍ଦୀରେ,
କିଏ ତାକୁ ବାନ୍ଧିରଖିଛି
ରକ୍ତ, ହାଡ଼, ମାଂସ
ନା ଧ୍ୟାନ, ଧାରଣା, ବିଶ୍ୱାସ !

ଦିନେ କାଚ ଥିଲା
ହାତର ଆଇନା
ହାତ ଥିଲା କାଚର ଅସ୍ମିତା,
ଅସ୍ତିତ୍ୱ,
ଏବେ ହାତ ଓ କାଚ
ମାଟି ତଳେ ପୋତା ପ୍ରତ୍ନତତ୍ତ୍ୱ ।

ଥରେ ଥରେ ରାତିରେ
ହାତ ସ୍ୱପ୍ନ ଦେଖେ
କାୟା ପାଲଟର ପୋଷାକ ପିନ୍ଧି
ସେ ପାଲଟିଯାଇଛି ହତିଆର୍,
ତୀକ୍ଷ୍ଣ ଧାରରେ କାଟୁଛି
ଅନ୍ଧାର ପରେ ଅନ୍ଧାର
ଶୃଙ୍ଖଳ ପରେ ଶୃଙ୍ଖଳ ।

ହେଲେ ନିଦ ଭାଙ୍ଗିବା ପରେ
ସବୁ ପୂର୍ବବତ୍,
ବାସି ବିଛଣାରେ ଅଥର୍ବ ହାତ,
ଘର ସାରା ଫଟାକାଚର
ଶ୍ରୁତିକଟୁ ଶବ୍ଦ ।
ଏବଂ ବିକ୍ରମ ପିଠିରେ ବେତାଳ,
ଯାହାର ପ୍ରଶ୍ନ
ଅନୁତ୍ତରିତ ଚିରକାଳ ।

ଘଟାନ୍ତର

ଘାଟ ବଦଳେ ନାଇଁ
ଘଟ ବଦଳେ,
ତୁଠ ପଡ଼ିଥାଏ
ପାଦଚିହ୍ନ ଲିଭିଯାଏ,
ପୁରୁଣା ଆକାଶରେ
ନୂଆ ଏକ ନକ୍ଷତ୍ର ଜଳେ।

ମଂଚରେ ଚାଲିଥାଏ ନାଟକ,
ଯିଏ ନାଟ୍ୟକାର,
ଏକାଧାରରେ ସିଏ
ନିର୍ଦ୍ଦେଶକ ଓ ନାୟକ।
ରାତି ପାହିବା ପରେ ବି
ଯବନିକା ପଡ଼େନାହିଁ,
ଆସେ ନାହିଁ ଅନ୍ତିମ ପରିଣତି,
ଯାହା ଶେଷ ଭଳି ମନେହୁଏ
ତା' ନୂଆ ଆରମ୍ଭର ଆରମ୍ଭ,
ଏକ ମଧୁର ମଧ୍ୟାନ୍ତର ବିରତି।

ମାଟି, ଆକାଶ, ଈଶ୍ୱର
ପାହାଡ଼, ପର୍ବତ, ସମୁଦ୍ର
ସମସ୍ତେ ନିଜ ନିଜ ସ୍ଥାନରେ

ସ୍ଥିର ଅବିଚଳ,
ଆତଯାତ ହେଉଥାଏ
କେବଳ ପବନ,
ଠିକଣା ବଦଳୁଥାଏ
ଏ ଗାତ୍ରରୁ ସେ ଗାତ୍ର,
କେବେ ବିଭୀଷିକା ତ
କେବେ ବଂଶୀସ୍ୱନ।

ବଂଶୀରେ ଛପିଥାଏ କୁହୁକ
ଥାଏ କୁହୁ
ପୁଣି କୋହ,
ଦୂରରୁ ଡାକୁଥାଏ 'ଆ... ଆ'
ପାଖରୁ କହୁଥାଏ 'ବିଦାୟ, ବିଦାୟ'।

ଦୁର୍ଭାଗ୍ୟ

ଆସିବ ତ, ରୁହ
ଆଉ ଟିକେ ଗଭୀର ହେଉ ରାତି
ନିବିଡ଼ ହେଉ ଅନ୍ଧାର
ପ୍ରଗାଢ଼ ହେଉ ଦୃଷ୍ଟି
ପ୍ରଖର ହେଉ ଶ୍ୱାସ
ପ୍ରଚଣ୍ଡ ହେଉ ଶୋଷ।

ମୋର ପଦ୍ମପତ୍ରରେ ଘର,
ଉଜାଣି ଓ ଅଣଚାଶର ଦୁଆର,
ଚିତ୍ରମୟ କାନ୍ଥରେ
ଆଷାଢ଼ର ଇନ୍ଦ୍ରଧନୁ
ପୌଷର ମିଠାମିଠା ଖରା ଓ କାକର,
ଏ ଘରକୁ
ତୁମେ ନିର୍ଦ୍ୱନ୍ଦ୍ୱରେ ଆସିପାର।

ବହୁବାର ଈଶ୍ୱର ଆସିଛନ୍ତି
ମୋ ଘରକୁ,
ଆସିଛି ଭୟାର୍ତ୍ତ ମୃଗୁଣୀ
ପଛେ ପଛେ ଭୟଙ୍କର ବ୍ୟାଧ,
ସେମାନଙ୍କ ପାଦଧୂଳି
ଘରକୁ କରିଛି ତୀର୍ଥ।

ନିଶବ୍ଦ ରାତିରେ
ଶିଳାଗାତ୍ରରୁ ମୋକ୍ଷଲାଭ କରି
ଆସିଛି କୋଣାର୍କ ନାୟିକା,
କଟୀରେ ଢେଉର ମେଖଳା ପିନ୍ଧି
ଓଠରେ ଝାଉଁର ମର୍ମର ବାନ୍ଧି
ସର୍ବାଙ୍ଗରେ ବୋଳିହୋଇ
ଧୂଆଁର ଅତର,
କସ୍ତୁରୀର ଉସ୍ର ଖୋଜି ଖୋଜି
ଆସିଛି ଉନ୍ମାଦ କୃଷ୍ଣସାର।

ତୁମେ ବି କେତେଥର ଆସି
ଫେରିଯାଇଛ ଦୁଆର ସେପଟୁ
ରହିଯାଇଛି ପାଦଚିହ୍ନ,
କେଜାଣି ତୁମକୁ ଡାକିନେଇଛି
ଭିନ୍ନ କେଉଁ ଉଚ୍ଚାଟନ।

ଜାଣିଛି ମୁଁ
ଘର ମୋର ଟଳମଳ,
ଅସ୍ଥିର, ଭଙ୍ଗୁର,
ମୁଁ କିନ୍ତୁ ସ୍ଥିର ଅବିଚଳ,
ତୁମ ଅପେକ୍ଷାରେ ଉନ୍ମୁଖ ଚିରକାଳ।

ଆସିବ ତ, ରୁହ
ସଜେଇଦିଏ ଶେଯ
ଲିଭେଇଦିଏ ଦୀପ
ଖୋଲିଦିଏ ଦରଜା,
ନିଶ୍ଚଳ ଅଂଧାର ତଳେ
ତୁମ ସହ ଏକାନ୍ତ ମିଳନ ଲାଗି
ଏଥର ଆଉ ରହିବନି ବାଧା।

ଭାରତବର୍ଷ

ନିର୍ଦ୍ଧାରିତ ସମୟରେ
ନିୟମିତ ବ୍ୟବଧାନରେ
ଯେଉଁଠିକୁ ଋତୁମାନେ ଆସନ୍ତି,
ଯେଉଁଠାରେ ନଦୀ ବାଟବଣା ହୋଇ
ହଜେନାଇଁ ବାଲୁକା ଶଯ୍ୟାରେ
ଫେରେନାଇଁ ମୁହାଣ ମୁହଁରୁ,
ଯେଉଁଠାରେ ଗଛ କେବେ
ବିଧବା ହୁଏନାହିଁ
ସଧବାର ସିନ୍ଦୂର ଅଳତା ପରି
ବାରମାସ ମଣ୍ଡି ହୋଇଥାଏ
ଫୁଲରେ ଫଳରେ
ବାଟଚଲା ବାଟୋଇକୁ ଦେଉଥାଏ
ଅଯାଚିତ ଛାଇର ଆଶ୍ରୟ,
ଯେଉଁଠାରେ ସକାଳ ଓ ସଂଧ୍ୟା ଆସେ
ଶଂଖରେ ଘଣ୍ଟାରେ
ସ୍ତବରେ ସ୍ତୋତ୍ରରେ,
ଯେଉଁଠାରେ ଅତିଥି ଫେରେନାହିଁ
ଗୃହସ୍ଥ ଦୁଆରୁ ବିନା ସତ୍କାରରେ,
ଗୃହଲକ୍ଷ୍ମୀ ଟେକିଦିଏ ସର୍ବସ୍ୱ ସମ୍ବଳ
ଯୋଗୀର ଥାଳରେ,
ଯେଉଁଠାରେ ସାରାବର୍ଷ କୃଷକ ଘରଣୀ

ସନ୍ତାନବତୀ ନାରୀ ପରି ସମ୍ଭାଳୁଥାଏ
ତାର ଶସ୍ୟ ସନ୍ତାନ,
ତୁଳସୀ ଚଉଁରା ମୂଳେ
ପାତଳ ଓଢ଼ଣା ତଳେ
ଉଙ୍କି ମାରୁଥାଏ
ନବମୀର ଲାଜକୁଳି ଜହ୍ନ,
ଯାହାର ମାଟିକାନ୍ଥରେ କାରୁକାର୍ଯ୍ୟ
ପଥର ଛାତିରେ ଜୀବନ୍ତ ଭାସ୍କର୍ଯ୍ୟ,
ଯେଉଁ ମାଟିର ମାୟା
ରାଜପୁତ୍ରକୁ କରେ ସନ୍ନ୍ୟାସୀ
ଦେବତାକୁ ମର୍ତ୍ତ୍ୟବାସୀ,
ସେ ମାଟିର ନାଁ ଭାରତବର୍ଷ,
ଏକଥା ମାଆ କହିଥିଲା ।

ଏବେ ଝିଅ ମୋର
ଭିନ୍ନ କଥା କହେ ।
ଯେଉଁଠାରେ ଦିନସବୁ
ଦୀର୍ଘଶ୍ୱାସରେ ଦୀର୍ଘତର
ରାତି ଆତଙ୍କଗ୍ରସ୍ତ ନିଦ୍ରାହୀନ,
ସ୍ୱପ୍ନମାନେ କେବଳ ଦୁଃସ୍ୱପ୍ନ
ସତ୍ୟ ଭୋଗେ ଚିର ନିର୍ବାସନ,
ଯାହାର ପବନରେ ପ୍ରଦୂଷଣ
ପାଣିରେ ରସାୟନ
ଅରଣ୍ୟ ବୃକ୍ଷଲତାହୀନ
ପକ୍ଷୀ କାକଳିଶୂନ୍ୟ,
ଅଭୟାରଣ୍ୟରେ ଭୟର ପାଦଚିହ୍ନ,
ଯାହାର ଜଳ, ଜମି, ଜଙ୍ଗଲରେ
କ୍ଷେତ, ଖଣି, ଖାଦାନରେ
ବହୁରାଷ୍ଟ୍ରୀୟ କମ୍ପାନୀର

ଅବୈଧ ଅଧିକାର,
ଯେଉଁଠାରେ ସୌଦାଗରି ସଂସ୍କୃତି
ଓ ବଣିକ ସଭ୍ୟତାର ଅବାଧ କାରବାର,
ଯେଉଁଠାରେ ଶାନ୍ତି ନାଁରେ ଶୋଷଣ
କ୍ରାନ୍ତି ନାଁରେ କଷଣ
ଧର୍ମ ନାଁରେ ଧର୍ଷଣ
ପ୍ରୀତି ନାଁରେ ପୀଡ଼ନ
ପୁଣ୍ୟ ନାଁରେ ପାଳିତ ହୁଏ
ପାପର ପାର୍ବଣ,
ସେ ଦେଶର ନାଁ ଭାରତବର୍ଷ।

ହେଲେ ଭାରତବର୍ଷ
ଏସବୁର ଊର୍ଦ୍ଧ୍ୱରେ
ଏକ ଅନ୍ତହୀନ ଜିଜ୍ଞାସା ଓ
ଅସରନ୍ତି ଅନ୍ୱେଷାର ଅନ୍ୟନାମ।
କୌଣସି ନିର୍ଦ୍ଦିଷ୍ଟ ଭୌଗୋଳିକ ଭୂଖଣ୍ଡ
ସୀମାବଦ୍ଧ ସମୟଖଣ୍ଡରେ
ସୀମିତ ନୁହେଁ ତା'ର ପରିଚୟ।
ଭାରତବର୍ଷ ଋଷି ଓ ରସିକମାନଙ୍କର
ଶିଳ୍ପୀ ଓ ସୈନିକମାନଙ୍କର
କର୍ମୀ ଓ କୃଷକମାନଙ୍କର
ବୀର ଓ ବଣିକମାନଙ୍କର ଦେଶ।
ସେମାନଙ୍କ ଶୌର୍ଯ୍ୟ, ବୀର୍ଯ୍ୟ, ତେଜରେ
ସ୍ୱେଦ, ଶ୍ରମ, ଶୋଣିତରେ
ସମୃଦ୍ଧ ତା'ର ଇତିହାସ।

ଭାରତବର୍ଷର ସଂଜ୍ଞା
ଚିହ୍ନିତ ନିର୍ଣ୍ଣିତ ତା'ର
ଚରିତ୍ରରେ, ଚେତନାରେ

ନୀତିରେ, ନୈପୁଣ୍ୟରେ
ବିଶ୍ୱାସରେ, ଆଦର୍ଶରେ ।
ସତ କହିବାକୁ ଗଲେ
ଭାରତବର୍ଷ ଏକ ଦେଶ ନୁହେଁ,
ଏକ ନିରବଚ୍ଛିନ୍ନ ପ୍ରବାହ
ନିରନ୍ତର ଯାତ୍ରା
ଓ ନିରବଧି କାଳର
ଅଂଶବିଶେଷ ।

ପ୍ରତିଟି ଯୁଗସଂଧିରେ
ନବପର୍ବର ଅଭ୍ୟୁଦୟ ଲଗ୍ନରେ
ପ୍ରାଚୀର ତମସାଚ୍ଛନ୍ନ ଦିଗ୍‌ବଳୟରେ
ଦିଶେ ଯେଉଁ
ବୈଦିକ ଉଷାର ଉଦ୍‌ଭାସ,
ସେ ଉଦ୍‌ଭାସର ନାଁ ଭାରତବର୍ଷ,
ସେ ଉଦ୍‌ଭାସର ନାଁ ଭାରତବର୍ଷ ।

BLACK EAGLE BOOKS

www.blackeaglebooks.org
info@blackeaglebooks.org

Black Eagle Books, an independent publisher, was founded as a nonprofit organization in April, 2019. It is our mission to connect and engage the Indian diaspora and the world at large with the best of works of world literature published on a collaborative platform, with special emphasis on foregrounding Contemporary Classics and New Writing.

www.ingramcontent.com/pod-product-compliance
Lightning Source LLC
Chambersburg PA
CBHW020538080526
44583CB00013B/902
9781645602064